Dicas Incríveis

Sueli Rutkowski

Dicas Incríveis

truques e segredos para facilitar seu dia a dia

Master Pop

Ilustrações e projeto gráfico: Mariana Manini

Editoração eletrônica: Estúdio Sambaqui

Revisão: Gabriela Garcia

Fotos: Chico Audi

Todas as dicas apresentadas no livro foram selecionadas e testadas pela autora.

Dados Internacionais de Catalogação na Publicação (CIP)
(Câmara Brasileira do Livro, SP, Brasil)

Rutkowski, Sueli
Dicas incríveis : truques e segredos para facilitar seu dia a dia / Sueli Rutkowski.
-- São Paulo : Master Pop, 2011.

ISBN 978-85-64839-00-7

1. Conduta de vida 2. Economia doméstica 3. Solução de problemas I. Título.

11-08689 CDD-640

Índices para catálogo sistemático:
1. Soluções de problemas : Economia doméstica
640

Master Pop é um selo editorial da:
Editora Master Books
R. Jerônimo da Veiga, 45 - 3° andar - Itaim Bibi
São Paulo, SP - 04536-000
tel. (11) 3167-1009
http://www.editoramasterbooks.com.br
Foi feito o depósito legal.

Sumário

1

TRUQUES CULINÁRIOS

Algumas dicas fáceis e eficientes para você utilizar na sua cozinha.

Corte cebolas sem chorar

Apesar da facilidade de encontrarmos nas feiras livres, supermercados e sacolões os temperos já picados, prontos para ser utilizados, há várias pessoas que preferem fazer seu próprio tempero e não dispensam a cebola picada.

1 Dica prática para evitar as lágrimas no corte:
Deixe a cebola no freezer ou no congelador, por 10 a 15 minutos, e utilize em seguida.

2 Agora, por causa da cebola, você não vai mais chorar!

Tire o óleo dos empanados após a fritura

Quem não gosta de bife à milanesa, filé de frango ou de peixe empanado?

1 Para o empanado caseiro ou industrializado ficar sequinho e saudável, sem perder a crocância da fritura, mergulhe-o em água fervente assim que o retirar do óleo.

2 É importante colocá-lo rapidamente na água e imediatamente retirá-lo.

3 O óleo da fritura fica na água e seu empanado continua crocante!

4 Você pode usar a técnica também com coxinhas, rissoles e outros salgados empanados.

5 Uma dica é colocar um ramo de manjericão na água fervente para tirar o cheiro de gordura.

Descasque alho num piscar de olhos

1 Coloque os dentes de alho em um refratário com água e deixe por 10 minutos.

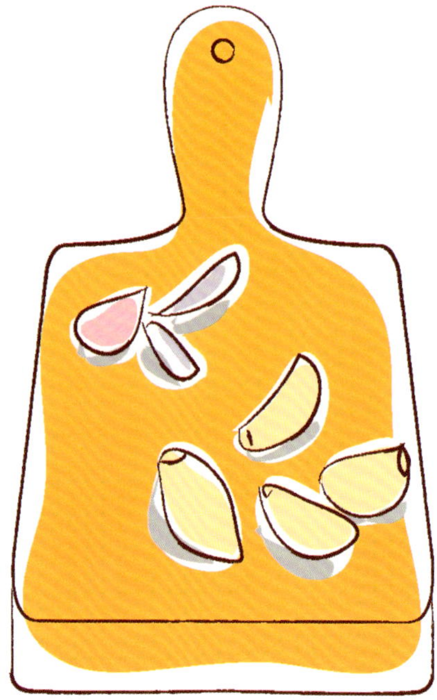

2 As cascas soltarão com facilidade e suas mãos não ficarão com cheiro de alho.

3 Você pode também colocar o refratário no micro-ondas por 30 segundos para acelerar o processo.

Para a bebida gelar mais rápido

Chegou em sua casa uma visita inesperada e você não tem uma lata de refrigerante ou suco gelada? Ou, no meio da festa, acabaram as bebidas geladas?

1 Providencie um recipiente de metal ou alumínio.

2 Coloque dentro pedras de gelo, 2 colheres (sopa) de sal e 500 ml de álcool.

3 Coloque as latinhas dentro e deixe por 3 minutos, rolando-as de vez em quando.

4 A mistura de sal e álcool acelera o processo, fazendo a bebida gelar mais rápido e conservando o gelo.

Dica: funciona também com garrafas plásticas, mas o processo é um pouco mais demorado para gelar.

Acabe com a umidade do sal

Quando você tenta colocar sal e não sai nada do saleiro é por causa da umidade (e isso piora ainda mais na praia).

1 Tire o sal do saleiro e aqueça-o em uma frigideira.

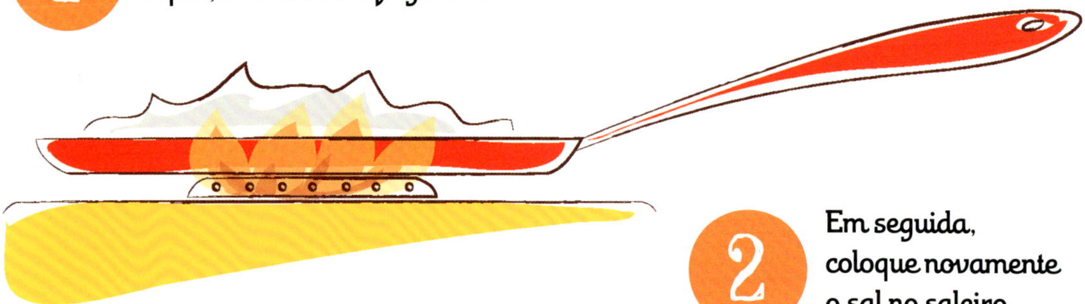

2 Em seguida, coloque novamente o sal no saleiro.

3 Ele vai ficar sequinho e sair com muito mais facilidade.

Como saber se o ovo está fresco ou não

1 Quando for comprar ovos, observe a data de validade, a embalagem e se não há rachaduras.

Dica: lembre-se de acondicionar os ovos sem embalagem na geladeira.

2 Para saber se o ovo é fresco ou não, examine a casca.

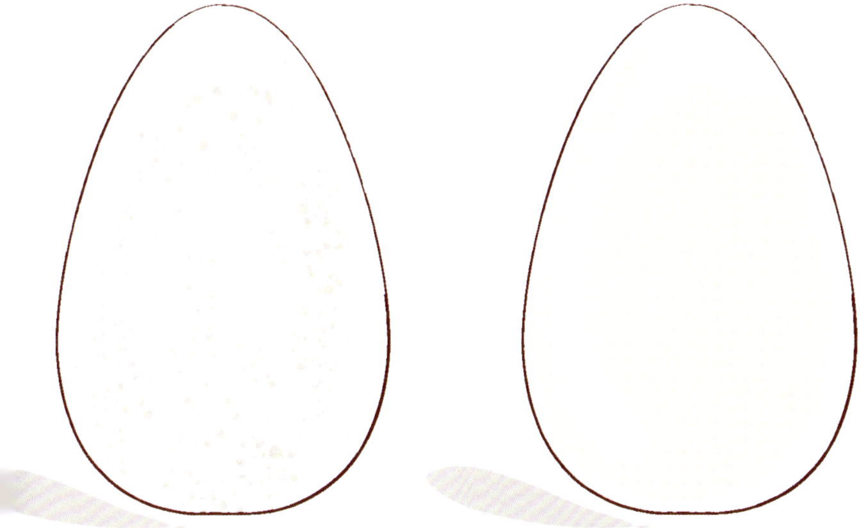

3 Se for crespa e opaca, o ovo é fresco, se for lisa e brilhante, o ovo é velho.

Para as bolachas ficarem crocantes novamente

Muitas vezes as bolachas ficam murchas e perdem a crocância, mas há um jeito simples de reverter o processo.

1 Coloque as bolachas em um refratário.

2 Leve ao micro-ondas por 30 segundos na potência alta.

3 Deixe esfriar e as bolachas estarão crocantes e saborosas.

Dica: você pode fazer a mesma coisa com salgadinhos e cereais amolecidos.

Faça um bolo com sal de frutas

1 Você tem todos os ingredientes para fazer um bolo, mas acabou o fermento...

2 Não tem importância e você não precisa sair para comprar.

3 Substitua o fermento pela mesma quantidade de sal de frutas e você vai se surpreender com o resultado.

4 A massa cresce, fica macia e muito gostosa!

Use casca de limão ou laranja para acender a churrasqueira

1. Quando for preparar um churrasco em casa, na praia ou no campo, utilize a casca de um limão ou de uma laranja para acender a churrasqueira.

2. Além do aroma agradável, a chama será mais duradoura. Vale a pena testar!

3. Você pode usar também um pão francês amanhecido embebido em óleo.

Como limpar mais facilmente o ralador de queijo

1 Quando usamos o ralador é trabalhoso remover toda a sujeira que penetra nos orifícios.

2 Experimente untar o ralador com óleo antes de utilizá-lo.

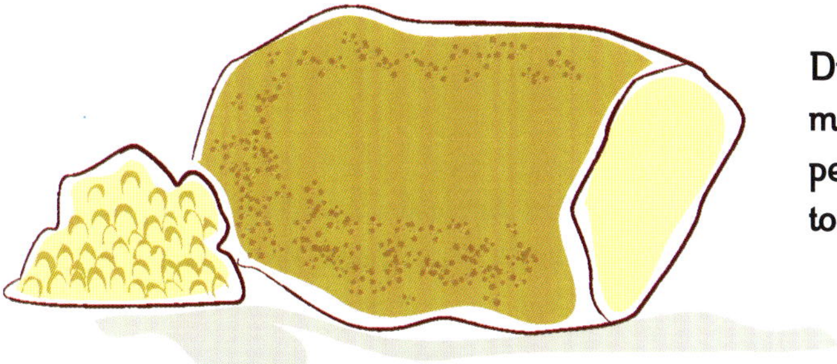

Dica: para facilitar ainda mais a limpeza, rale um pedaço de batata crua que toda sujeira sairá facilmente.

Evite que o leite derrame

1

Muitas vezes colocamos o leite para ferver e nos distraímos. O leite ferve e acaba transbordando, sujando todo o fogão...

2

Coloque na leiteira um pires, virado de cabeça para baixo, e seu leite nunca mais vai derramar!

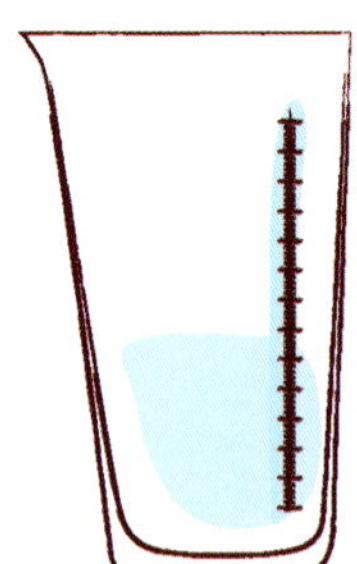

Dica: para facilitar a limpeza, "unte" a leiteira com um pouco de água antes de colocar o leite – assim, você evita que o leite grude na panela após a fervura.

Como soltar tampas apertadas

1 Os vidros de conservas costumam ter tampas tão apertadas que fica muito difícil abri-las com as mãos.

2 Coloque o vidro embaixo de água bem quente para expandir o metal da tampa.

3 Depois, pode girar a tampa que ela se abrirá facilmente.

Seque bem as folhas das verduras para durarem mais tempo

Para conservar por uma semana ou mais as saladas, verduras e temperos frescos como salsinha e manjericão, lave-os bem, logo após a compra.

Após higienizar as verduras com um produto bactericida, passe pela centrífuga ou seque com papel toalha e guarde em saquinhos ou em potes de plástico ou vidro.

A centrífuga é um utensílio utilizado para secar alimentos. Indispensável ter na sua cozinha para secar não só as saladas e verduras, mas também legumes como batata, cenoura e frutas como morango, uva etc.

Lembre-se de que os saquinhos de supermercados e feiras não são indicados para guardar alimentos na geladeira porque são feitos de material reciclado. Os mais indicados são os do tipo Ziploc.

Esquente o arroz do dia anterior com gelo

O arroz que sobra sempre fica ressecado, perdendo a característica do arroz fresquinho, que é soltinho.

Para devolver a aparência e o sabor do arroz "feito na hora", aqueça-o no micro-ondas colocando uma pedrinha de gelo para cada xícara de arroz.

Cubra com tampa e leve para aquecer por 4 minutos. Depois, aguarde 2 minutos antes de servir.

Remova a pele do tomate com facilidade

Se você comprou uma grande quantidade de tomates, pois estavam bonitos e com um bom preço, prepare aquela receita deliciosa de molho com muita facilidade.

Coloque os tomates no freezer ou no congelador por 15 a 20 minutos, ou até que fiquem bem firmes.

Em seguida, retire o tomate e remova toda a pele passando na água corrente.

2

CULINÁRIA PRÁTICA

Faça pratos deliciosos rapidamente!

Cozinhe ovos no micro-ondas

1 Em uma jarra refratária, coloque 2 ovos envoltos em papel alumínio.

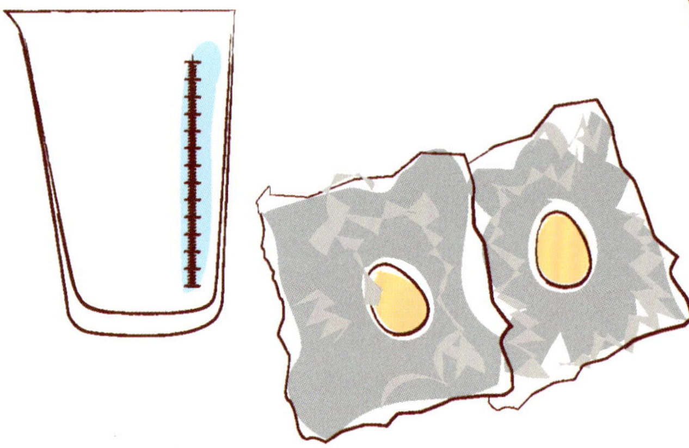

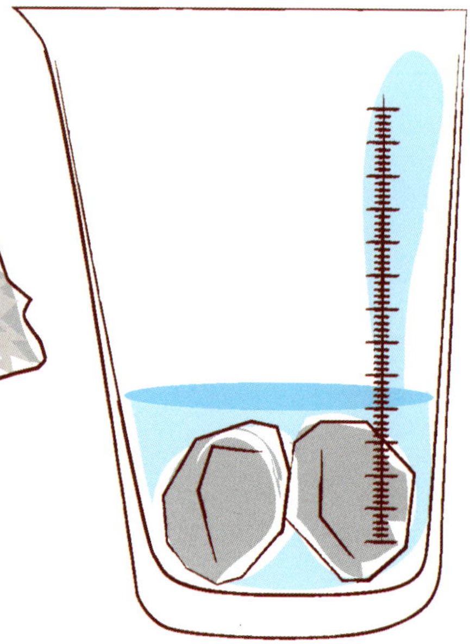

2 Acrescente água até cobrir os ovos.

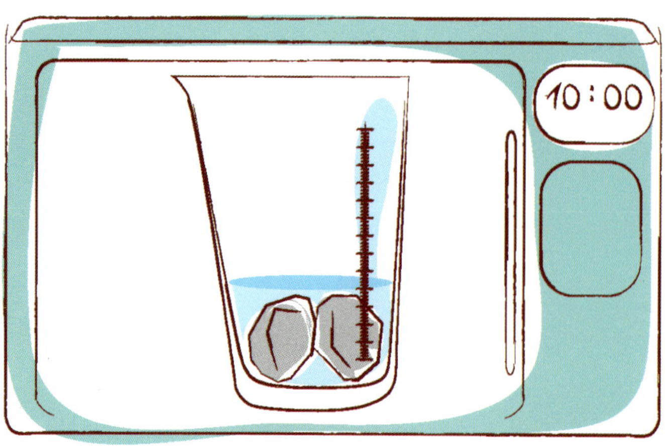

3 Utilize potência alta por 10 minutos. O resultado é excelente.

Pudim de leite com calda

Faça um delicioso pudim no micro-ondas com muita rapidez.

INGREDIENTES DA CALDA:

5 colheres (sopa) de açúcar

5 colheres (sopa) de água

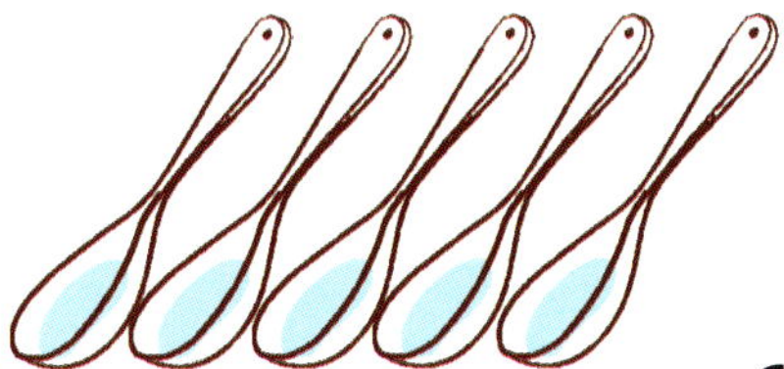

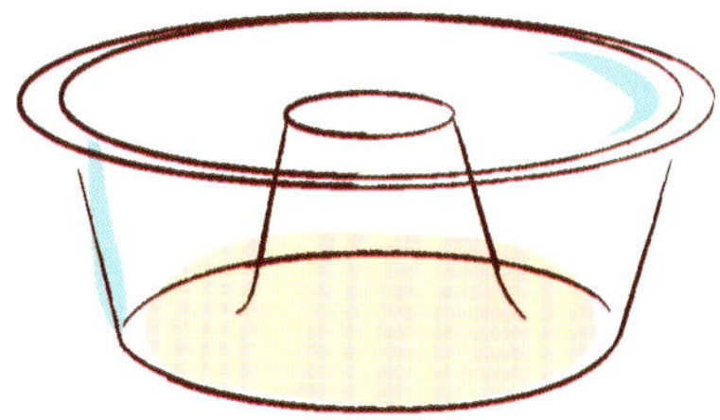

Coloque em uma forma refratária de pudim, misture bem e leve ao micro-ondas por 4 minutos.

Para atingir a cor de caramelo, volte ao micro-ondas e coloque de 30 em 30 segundos até atingir o ponto desejado. Não coloque mais tempo, pois a calda pode queimar.

INGREDIENTES DO PUDIM:

4 ovos inteiros

1 lata de leite condensado

1 1/2 medida da lata de leite integral

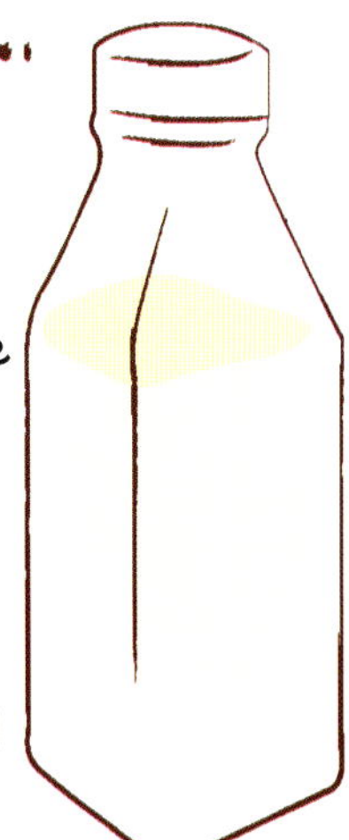

Misture todos os ingredientes, passe pela peneira e despeje sobre a calda fria. Leve ao micro-ondas por 12 minutos. Desenforme ainda morno e coloque para gelar. Fica simplesmente delicioso!

Prepare milho cozido no micro-ondas

As crianças e os adultos adoram milho cozido, com sal e manteiga derretida.

1 Lave bem o milho.

2 Coloque em um refratário de vidro com tampa, com 1/2 xícara de água.

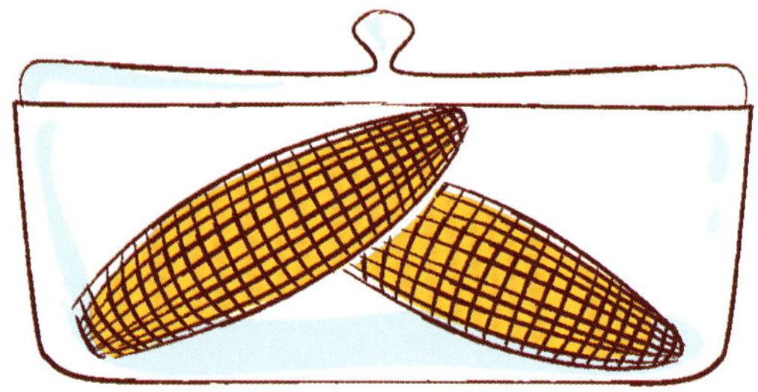

3 Leve ao micro-ondas na potência alta por 5 minutos (tempo suficiente para 2 espigas grandes).

4 Se necessário, deixe um pouco mais.

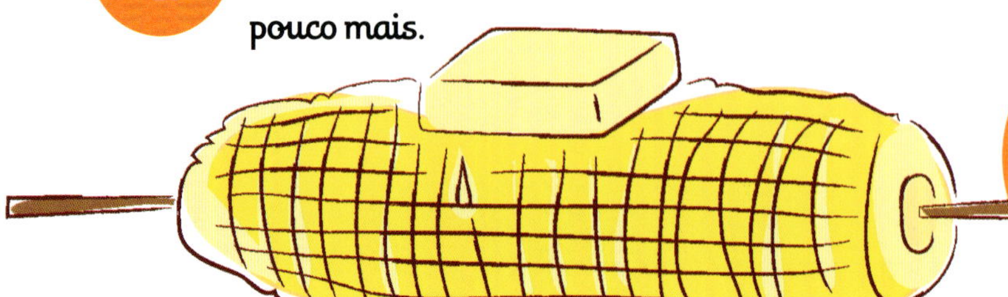

Dica: deixe esfriar um pouco antes de servir.

Prepare bacon rapidamente no micro-ondas

Muito utilizadas no preparo de sanduíches, tortas e carnes, as fatias de bacon ficam prontas em minutos no micro-ondas.

1 Coloque as fatias de bacon em um refratário.

2 Calcule o tempo: para duas fatias deixe 2 minutos e 30 segundos.

3 Se quiser mais crocante, aumente o tempo de 30 em 30 segundos.

4 Para o bacon vendido em cubos, proceda da mesma forma.

Macarronada em 5 minutos

Você vai precisar de uma panela de pressão.

INGREDIENTES:

500 g de macarrão tipo parafuso

1 lata de creme de leite (com soro)

1 caixa de molho de tomate (520 g)

2 colheres (sopa) de margarina

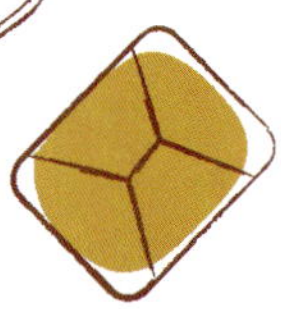

1 tablete de caldo de carne ou de legumes

2 latas de atum

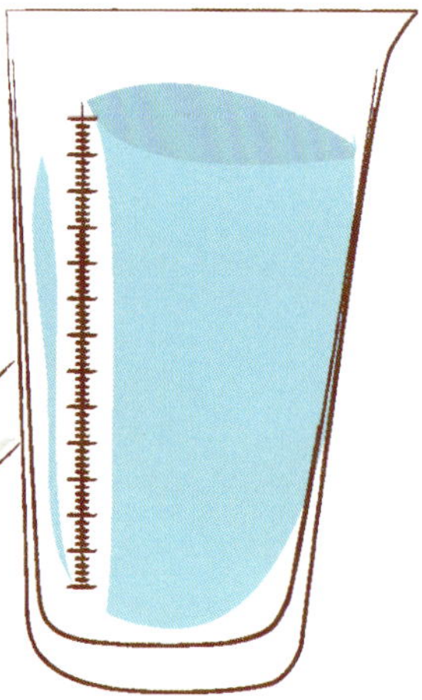

1 litro de água fervente

1 Coloque todos os ingredientes na panela de pressão, começando pelos líquidos.

2 Tampe a panela e, após começar a pressão, espere 3 minutos.

3 Em seguida, desligue o fogo e deixe terminar a pressão.

4 Abra a panela e sirva com queijo ralado.

Dica: o atum pode ser substituído por outro ingrediente.

Bolinhas de molho branco instantâneo

INGREDIENTES:

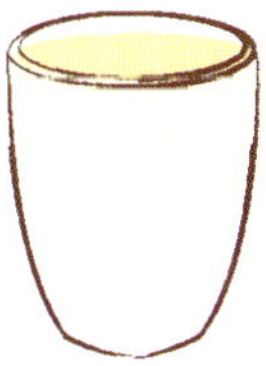

1 xícara (chá) de manteiga ou margarina

1 xícara (chá) de farinha de trigo

1 colher (sopa) de tempero pronto da sua preferência

MODO DE PREPARO:

Misture bem todos os ingredientes, divida em 10 porções iguais, forme bolinhas e conserve na geladeira ou no freezer.

Para preparar o molho branco, misture 1 xícara (chá) de leite para cada bolinha e leve ao fogo para engrossar.

Você pode acrescentar no molho queijo ralado, espinafre cozido bem picado, legumes ou ervas frescas.

Use para preparar pratos gratinados ou servir com a massa de sua preferência.

Faça crepes com refrigerante

Sua massa de crepe ou panqueca vai ficar muito mais leve se você substituir o leite por refrigerante na mesma medida. O refrigerante pode ser de qualquer sabor (guaraná, soda, laranja ou à base de cola).

INGREDIENTES:

- 2 xícaras (chá) de refrigerante
- 1 1/2 xícara (chá) de farinha de trigo
- 3 ovos
- 2 colheres (sopa) de manteiga ou margarina derretida
- 1 colher (chá) de sal

MODO DE PREPARO:

Bata todos os ingredientes no liquidificador e deixe descansar por 20 minutos na geladeira antes de fritar a massa.

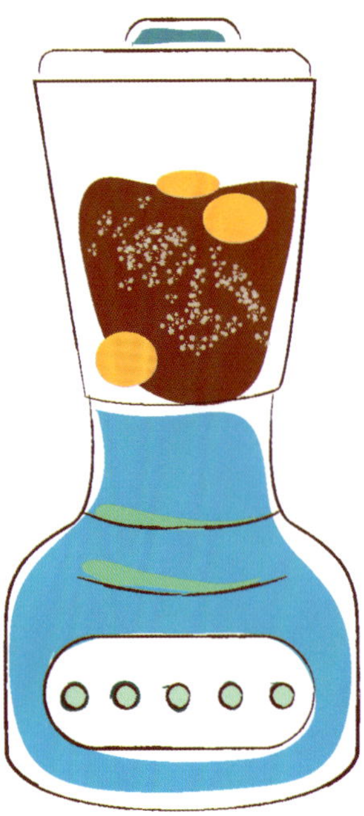

Coloque seu recheio favorito, doce ou salgado.

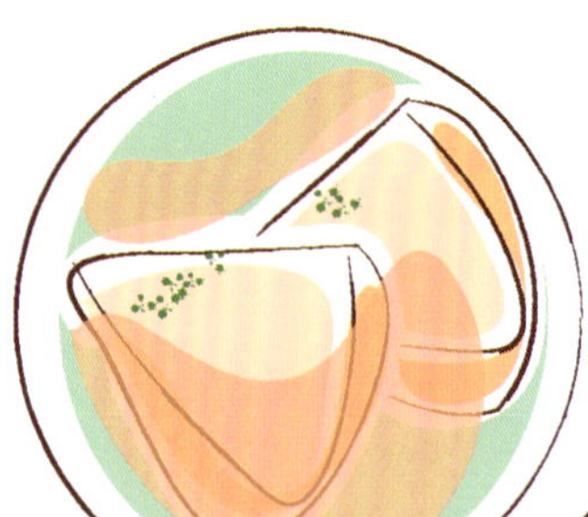

Os crepes salgados podem ser servidos com molho branco, vermelho ou rosé.

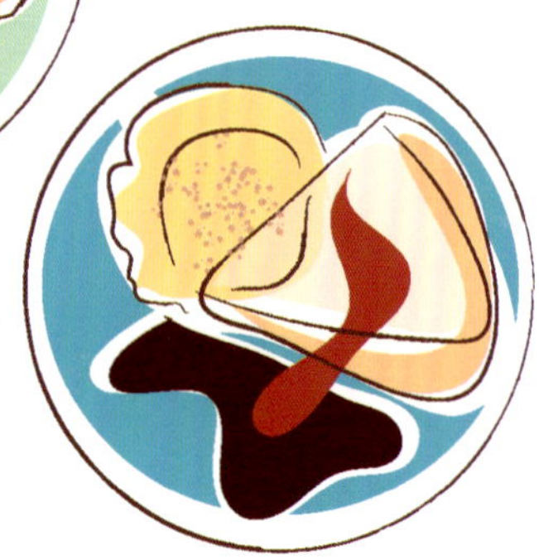

Crepes doces ficam ótimos com caldas, geleias, chantilly, marshmallow ou sorvetes.

Manteiga temperada para incrementar suas receitas

Prepare porções de manteiga temperada com diversos sabores.

Deixe 200 g de manteiga em temperatura ambiente, ou amoleça rapidamente no micro-ondas, sem deixá-la líquida.

Divida em porções de 50 g e coloque em cada porção temperos secos diferentes como: açafrão, curry, ervas secas, pimenta seca, ketchup ou mostarda.

Sirva com torradas, pão italiano, pão francês, de forma, ou utilize para temperar carnes, aves, peixes ou legumes.

Cubos de gelo temperados para facilitar seu dia a dia

Prepare cubos de gelo com temperinhos: pedacinhos de pimentão colorido, salsinha, ervas de sua preferência frescas ou secas.

Quando você for aquecer arroz, molhos, legumes, carnes e outros pratos, utilize os cubinhos temperados para incrementar o sabor do alimento.

Você pode preparar também os gelinhos com folhas de hortelã, pedacinhos de canela, cravo, camomila, erva doce e utilizar em sucos, chás ou cremes para o preparo de receitas doces.

Chips de legumes

INGREDIENTES:

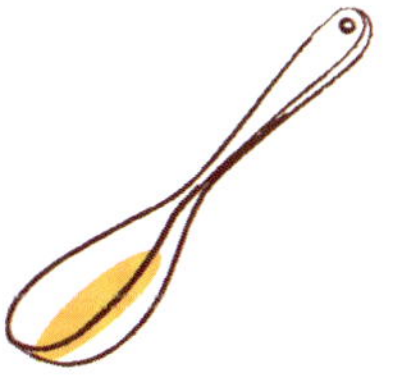

Beterraba, cenoura e abobrinha, fatiadas bem finas

1 colher (café) de sal

MODO DE PREPARO:

Espalhe os legumes no prato do micro-ondas, tomando cuidado para que não fiquem sobrepostos.

Coloque no micro-ondas por 3 minutos, na potência alta. Depois vire os legumes e deixe por mais 3 minutos. Em seguida, leve ao forno tradicional por 10 minutos a 200 °C.

Deixe esfriar bem e guarde em um recipiente bem fechado.

Os chips de legumes também podem ser preparados apenas no forno convencional. Tempo aproximado: 15 minutos de cada lado.

Ovos fritos na torrada

INGREDIENTES:
(Porção individual)

1 fatia de pão de forma

1 colher (chá) de manteiga ou margarina

1 ovo

1 pitada de sal

MODO DE PREPARO:

Coloque a manteiga em uma frigideira antiaderente e leve ao fogo brando.

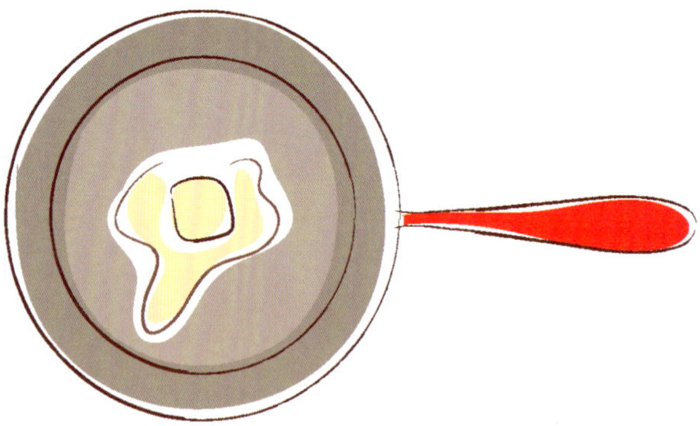

Com um cortador redondo, ou a borda de um copo, tire o centro da fatia do pão.

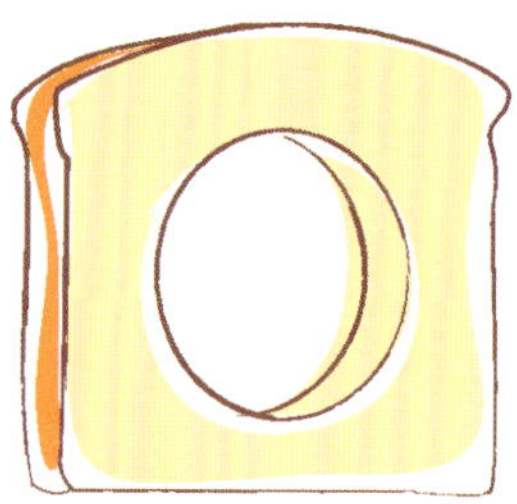

Coloque o pão na frigideira aquecida, quebre o ovo dentro do círculo, tempere com sal e deixe no fogo para a gema ficar firme. Com o auxílio de uma espátula, vire o ovo para dourar o outro lado.

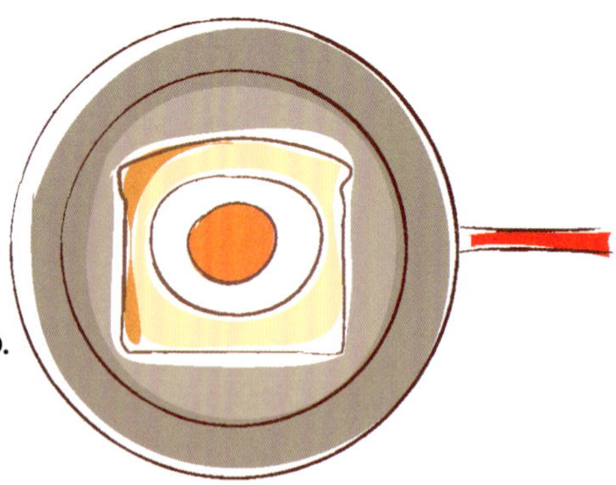

Sirva em seguida, acompanhado de queijo ralado ou ervas secas.

Dica: sirva quando a gema estiver firme; não deixe o ovo mole por causa da salmonela.

Lasanha de pão de forma

INGREDIENTES:

300 g de presunto fatiado

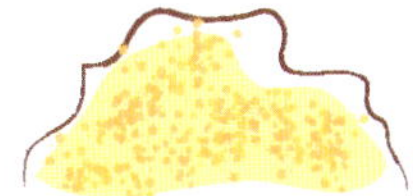

100 g de queijo ralado grosso

1 colher (sopa) de margarina

1 pão de forma sem casca

400 ml de molho de tomate

400 ml de molho branco

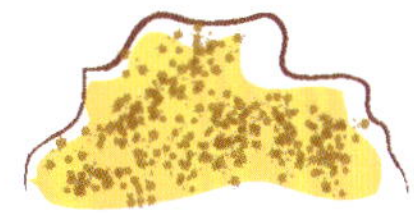

300 g de mussarela ralada

MODO DE PREPARO:

Unte com a margarina um refratário e alterne em camadas até terminar todos os ingredientes:

- fatias de pão
- molho de tomate
- mussarela ralada
- presunto
- pão
- molho branco

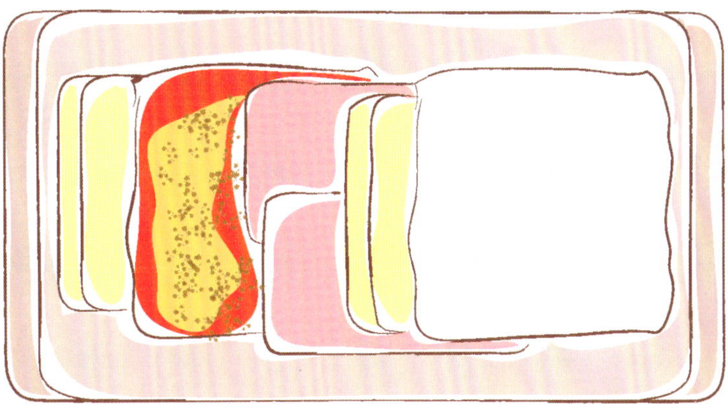

Cubra com molho, polvilhe o queijo ralado e leve ao forno preaquecido por aproximadamente 20 minutos, ou até gratinar.

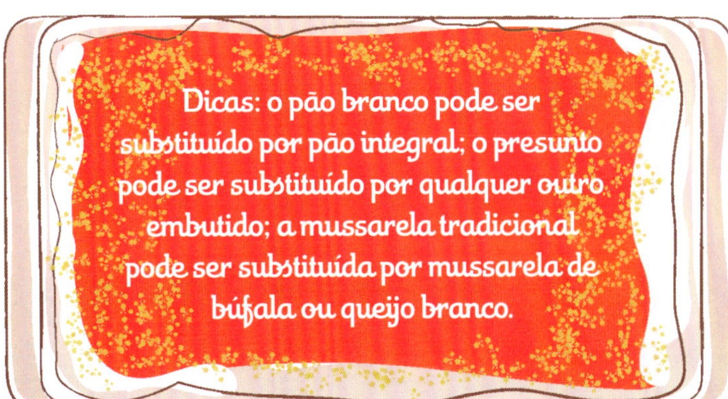

Dicas: o pão branco pode ser substituído por pão integral; o presunto pode ser substituído por qualquer outro embutido; a mussarela tradicional pode ser substituída por mussarela de búfala ou queijo branco.

Canelone de pão de forma

INGREDIENTES:

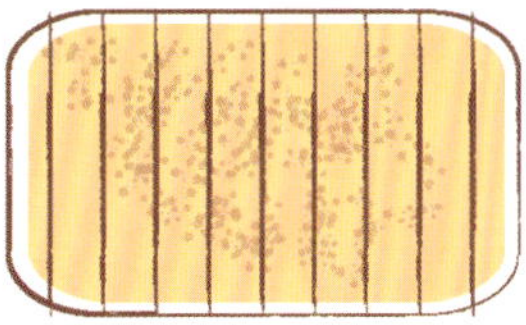

1 embalagem de pão de forma sem casca

300 g de mussarela fatiada

300 g de presunto fatiado

Molho de tomate ou molho branco

MODO DE PREPARO:

Com o auxílio de um rolo de massa, estique as fatias do pão de forma.

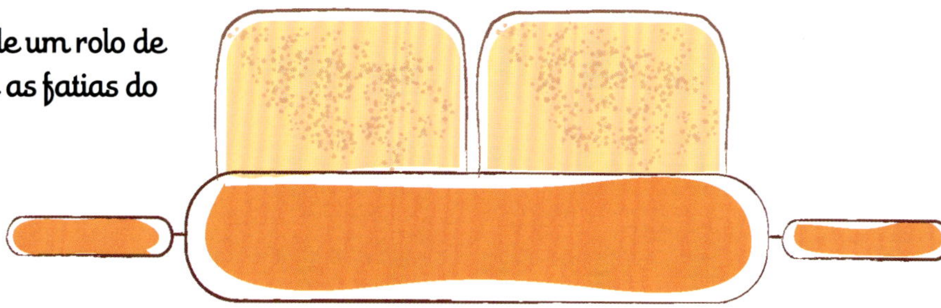

Em cada pedaço de pão coloque uma fatia de presunto, uma fatia de mussarela, enrole e coloque em um recipiente.

Espalhe por cima o molho escolhido e leve ao forno preaquecido por aproximadamente 20 minutos.

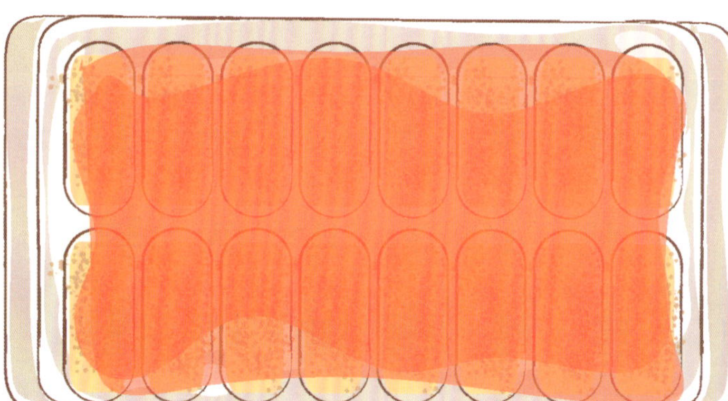

Pizzinha de bolacha no micro-ondas

INGREDIENTES:

Bolacha de água e sal

Molho pronto de tomate para pizza

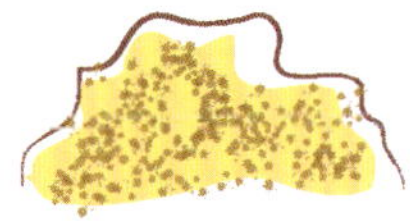

Mussarela ralada

Orégano

Azeite

MODO DE PREPARO:

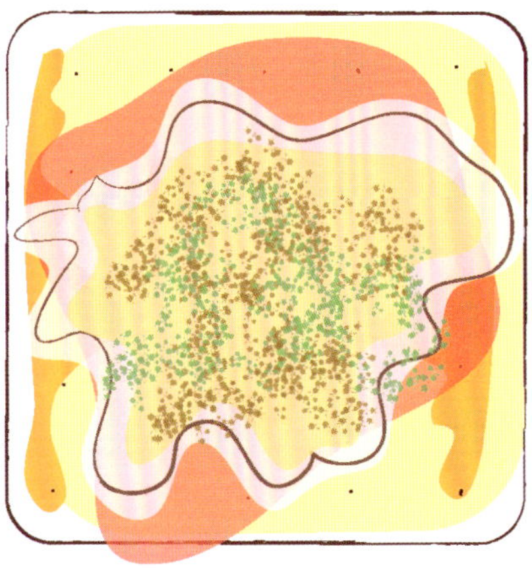

Coloque em cada bolacha 1 colher (sobremesa) de molho, espalhe a mussarela ralada, polvilhe o orégano e coloque um fio de azeite.

Leve ao forno de micro-ondas por 3 minutos na potência alta e sirva em seguida.

Farofa fria de maionese

INGREDIENTES:

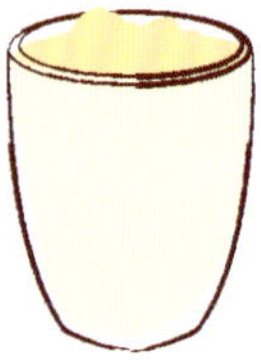

1 xícara (chá) de maionese

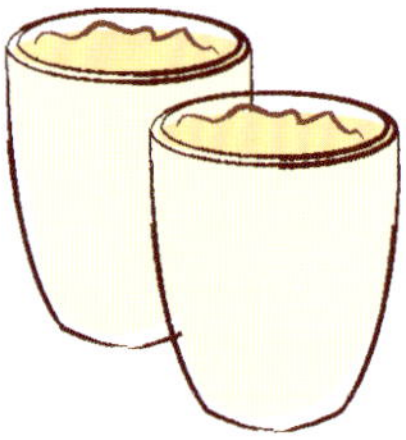

2 xícaras (chá) de farinha de rosca

MODO DE PREPARO:

Misture bem os ingredientes até obter uma mistura homogênea.

Tempere com ervas secas, mas não coloque sal porque os dois ingredientes são salgados.

Complemente com o que preferir: milho, azeitona, salsinha, carne seca desfiada ou frango.

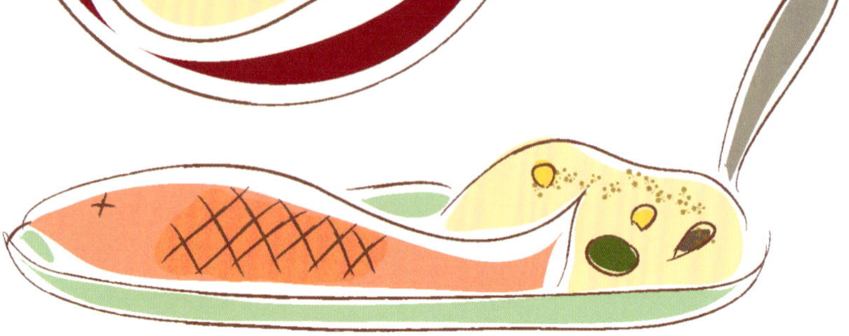

Sirva com carnes, aves ou peixes.

3

CULINÁRIA CURIOSA

Surpreendi-me com o sucesso que fiz ao apresentar estas receitinhas na TV. São fáceis, deliciosas e surpreendentes!

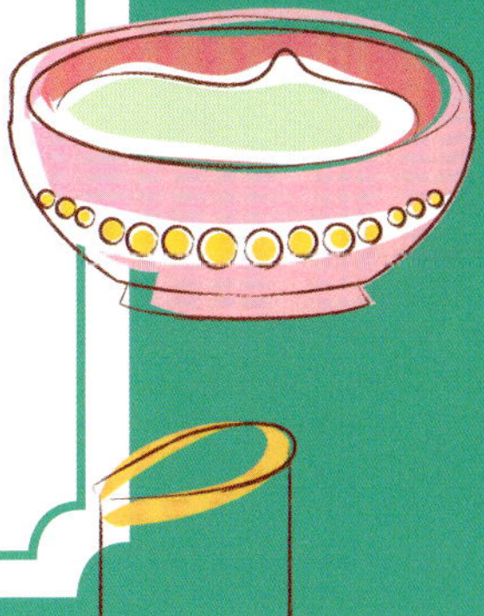

Cozinhe feijão na garrafa térmica

1 Para preparar diariamente uma quantidade pequena de feijão, sem muito trabalho, coloque em uma panela 2 xícaras de água para 1/2 xícara de feijão.

2 Leve ao fogo e deixe ferver por 3 minutos.

Dica: os grãos não devem ser cozidos com sal porque dificulta o cozimento.

3 Despeje na garrafa térmica o feijão e a água. Se quiser, coloque folhas de louro.

4 Em seguida, retire o feijão, que já estará cozido, da garrafa térmica e tempere a gosto.

Hambúrguer de Banana

INGREDIENTES:

1 dúzia de bananas nanicas verdes

3 xícaras (chá) de água fervente

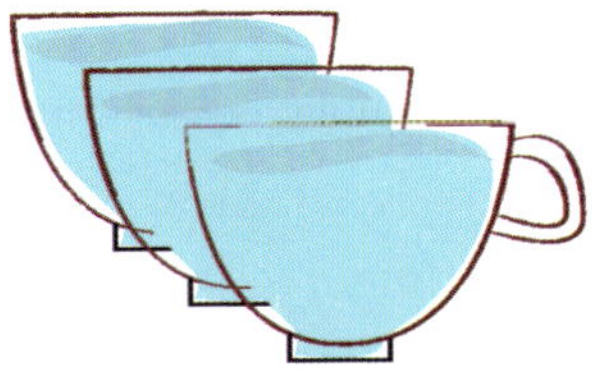

1 xícara (chá) de proteína texturizada de soja (granulada)

1 tablete de caldo de carne

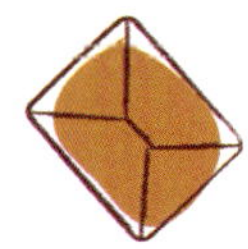

MODO DE PREPARO:

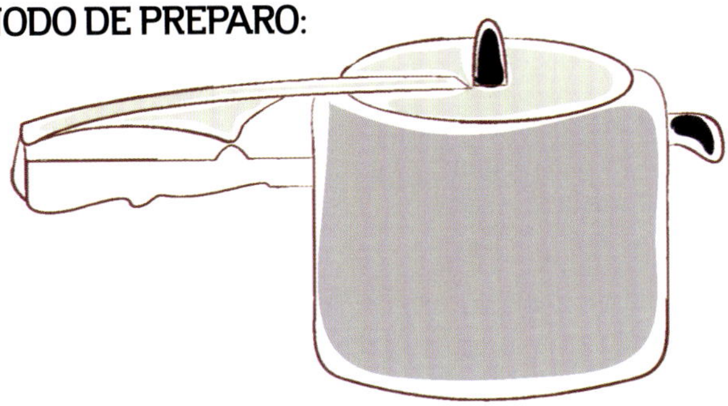

1 Coloque as bananas com casca na panela de pressão, cubra com água e cozinhe por 20 minutos.

2 Utilize as três xícaras de água fervente para hidratar a proteína de soja por 15 minutos e, em seguida, escorra em uma peneira retirando todo o excesso de água.

3 Remova as cascas das bananas cozidas e amasse bem as bananas com o auxílio de um garfo.
Junte a proteína de soja escorrida, as bananas amassadas, tempere com o caldo de carne e misture muito bem.

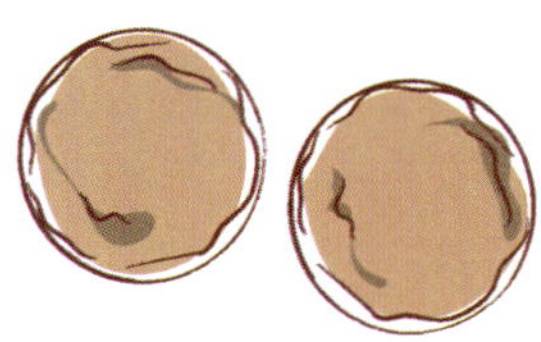

4 Em seguida, modele os hambúrgueres e, se preferir, pode congelar.

Dica: com esta receita você pode preparar também almôndegas.

Talharim de abobrinha

INGREDIENTES:

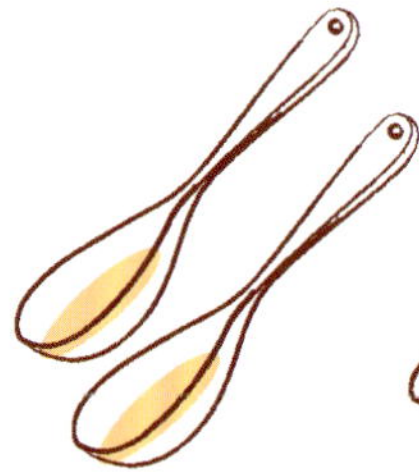

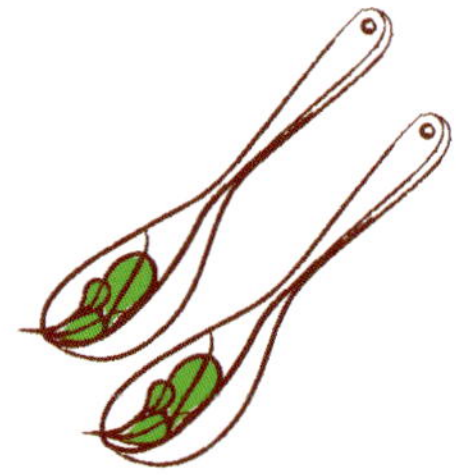

100g de queijo ralado

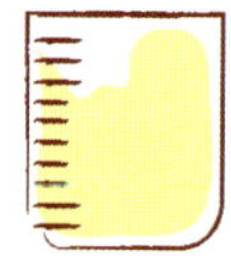

- 3 abobrinhas com casca
- 2 colheres (sopa) de azeite
- 1 colher (chá) de sal
- 2 colheres (sopa) de manjericão
- 500 ml de molho (opcional)

MODO DE PREPARO:

1 Lave e seque bem as abobrinhas.

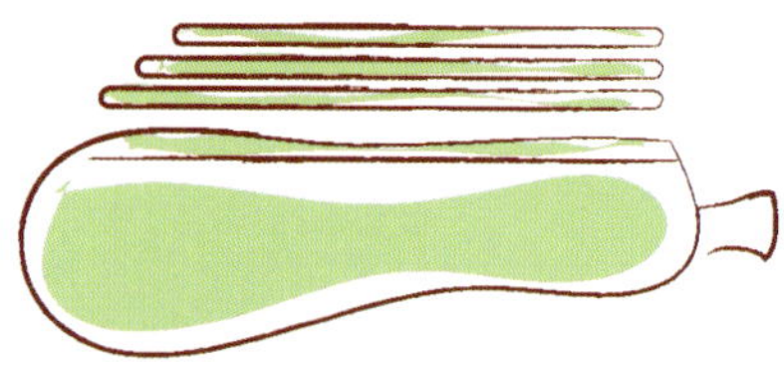

2 Corte em fatias finas no sentido do comprimento e, em seguida, corte em tiras como se fosse um talharim (despreze o miolo da abobrinha nesse caso).

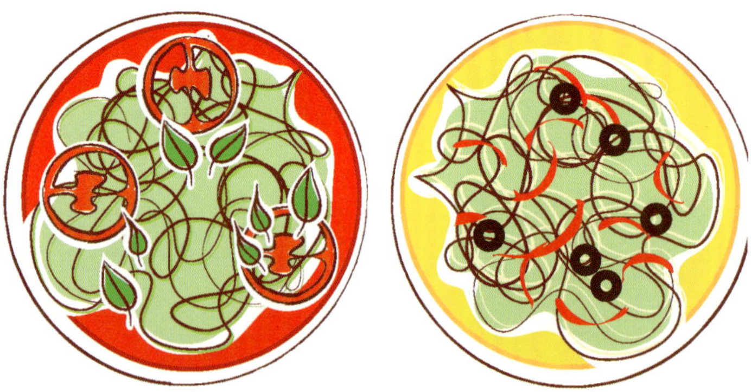

3 Aqueça o azeite, coloque a abobrinha cortada e bem seca, tempere com sal e refogue mexendo para a abobrinha ficar "al dente" (firme).

4 Adicione as folhas de manjericão e sirva com o molho de sua preferência - fica delicioso com molho ao pesto, ao alho e óleo ou com um molho de tomate Pomodoro e queijo ralado.

Dica: outra opção é servir sem molho, com tirinhas fininhas de pimentão vermelho, azeitonas pretas chilenas em lâminas, regado com azeite.

Bifinhos de casca de banana

INGREDIENTES:

Cascas de bananas lavadas e secas (nanica, prata ou banana da terra)

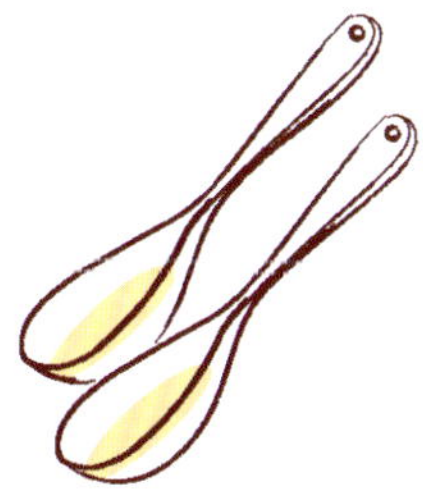

2 colheres (sopa) de vinagre

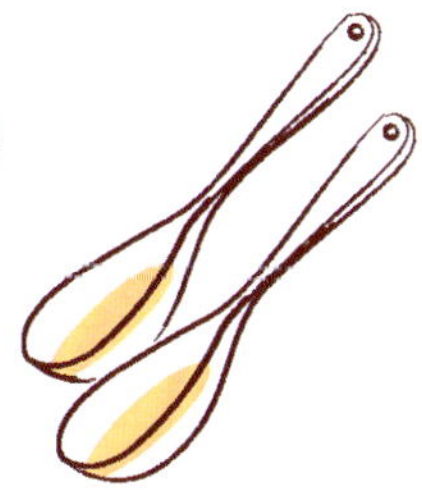

2 colheres (sopa) de óleo ou azeite

1 dente de alho picado

1 colher (café) de sal

MODO DE PREPARO:

1 Tempere as cascas de bananas com os temperos e deixe marinando por 30 minutos para pegar sabor.

2 Para empanar, passe cada bifinho primeiro na farinha de trigo, depois em ovos batidos e, por último, na farinha de rosca.

3 Frite em óleo aquecido até dourar.

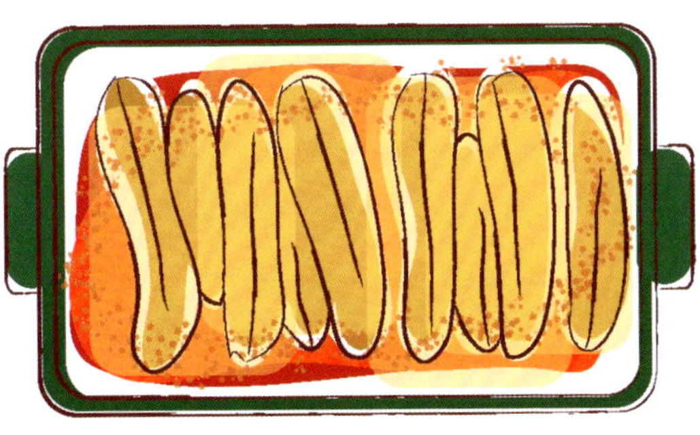

Dica: o bifinho de casca de banana pode ser feito também à parmegiana com molho de tomate e queijo ralado ou mussarela. Neste caso, levar ao forno para derreter o queijo.

Bolinho de casca de batata

INGREDIENTES:

2 xícaras de casca de batata cozida e batida

2 ovos

sal

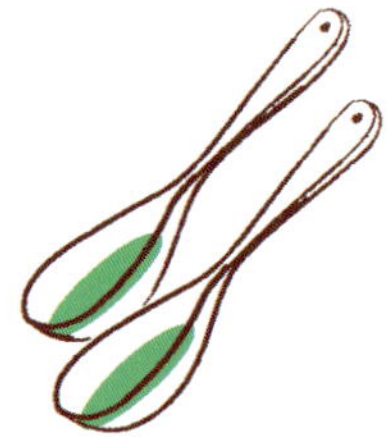

2 colheres de salsinha picada

2 xícaras de farinha de trigo

1 colher (sobremesa) de fermento em pó

óleo para fritar

MODO DE PREPARO:

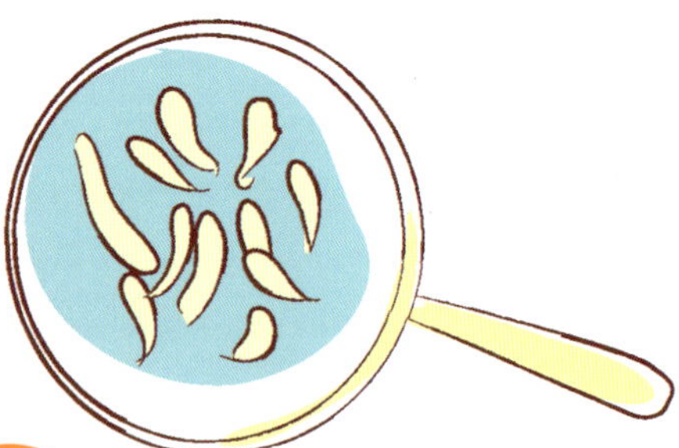

1 Ferva as cascas de batata.

2 Tire da panela e bata as cascas no liquidificador.

3 Coloque a massa em uma tigela, acrescente os ovos, a farinha, o sal e o fermento e misture bem.

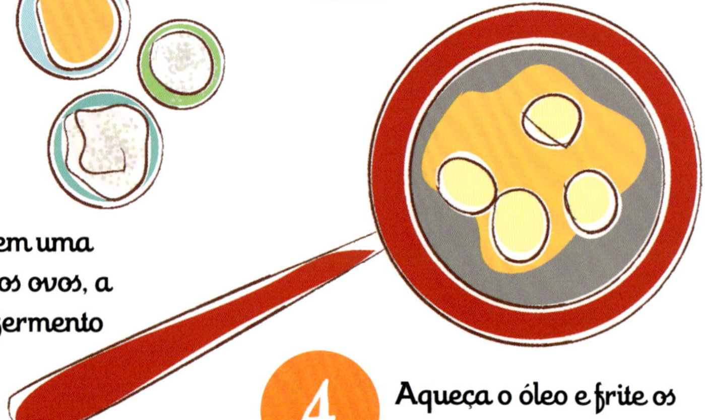

4 Aqueça o óleo e frite os bolinhos às colheradas.

Patê de talos

INGREDIENTES:

500 g de ricota

2 xícaras (chá) de talos de beterraba, agrião e espinafre

1 xícara (chá) de azeite de oliva

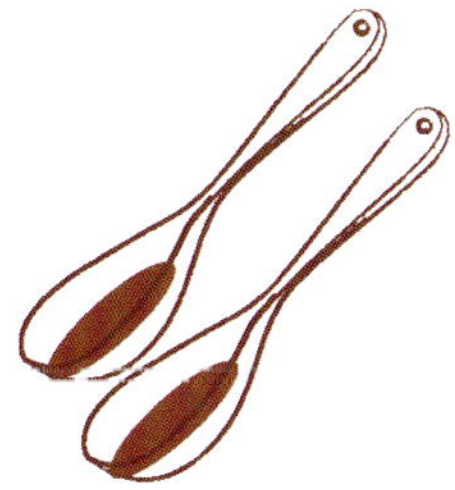

2 colheres (sopa) de molho de soja

sal e pimenta do reino a gosto

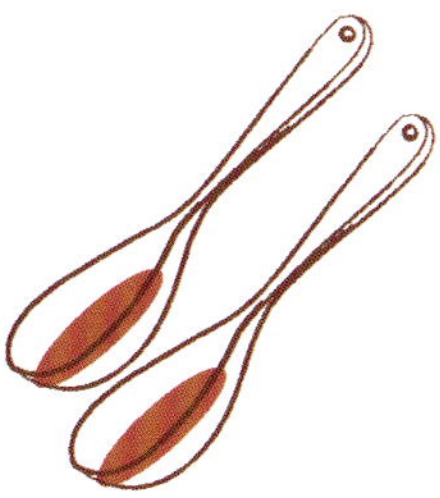

2 colheres (sopa) de molho inglês

1/2 xícara (chá) de salsa e cebolinha picadas

1/2 xícara (chá) de rama de cenoura picada

1/2 xícara (chá) de maionese

azeitonas pretas ou verdes para decorar

MODO DE PREPARO:

1 Em uma tigela amasse bem a ricota com um garfo.

Dica: substitua o azeite de oliva por óleo de soja, girassol ou milho e acrescente dez azeitonas.

2 Adicione o restante dos ingredientes e misture até obter a consistência de pasta. Rendimento: 12 porções.

Beijinho de arroz

INGREDIENTES:

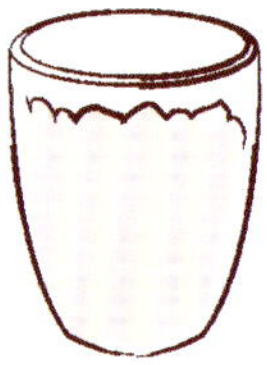

1 xícara de arroz

2 xícaras de leite

1 lata de leite condensado

1 vidro de leite de coco

200 g de coco ralado

MODO DE PREPARO:

1 Misture bem o arroz, o leite, o leite condensado e o leite de coco e leve para cozinhar.

2 Depois, bata a mistura no multiprocessador e acrescente 100 g de coco ralado.

3 Enrole os docinhos, passe no restante do coco e coloque em forminhas.

Melancia grelhada com castanha-de-caju

INGREDIENTES:

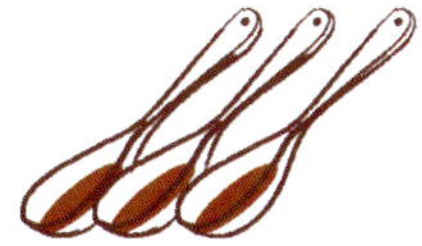

3 colheres (sopa) de vinagre balsâmico

1 colher (sopa) de sal grosso temperado com ervas

1/2 melancia gelada

50 g de castanha-de-caju picada

folhas de manjericão

3 tomates picados (sem sementes)

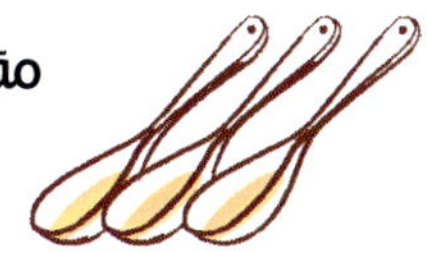

3 colheres (sopa) de azeite

MODO DE PREPARO:

2 Deixar gelar um pouco mais.

1 Corte uma fatia de melancia (em torno de 5 cm de espessura), tire as sementes e corte círculos com um cortador redondo ou um copo.

3 Aqueça o azeite em uma frigideira antiaderente e grelhe a melancia por 2 minutos de cada lado.

4 Retire do fogo, coloque os tomates picados, regue com azeite, salpique a castanha picada, polvilhe um pouco do sal grosso, espalhe o vinagre balsâmico e enfeite com folhinhas de manjericão.

Maionese de abacate

INGREDIENTES:

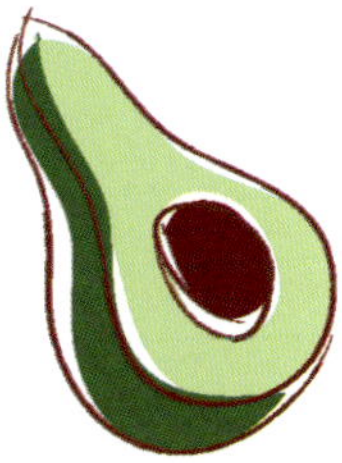

1 abacate

Suco de 1 limão

1 colher (sopa) de mostarda

1/2 colher (café) de pimenta do reino

1/2 xícara (chá) de azeite

MODO DE PREPARO:

Coloque todos os ingredientes no liquidificador com exceção do azeite que deve ser colocado aos poucos para dar o ponto na maionese.

Pudim de pão velho

INGREDIENTES:

1 pacote de coco ralado

1 colher de margarina

6 a 8 pães amanhecidos tipo francês

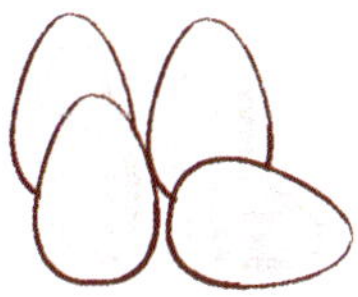

4 ovos inteiros

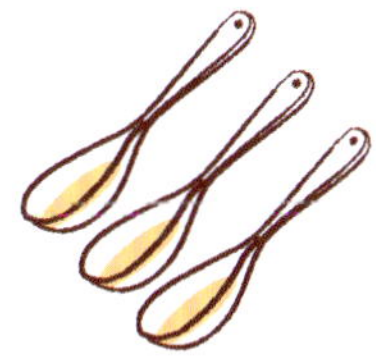

3 colheres de açúcar (ou a gosto)

1/2 lata de leite condensado (opcional)

2 copos de leite integral

MODO DE PREPARO:

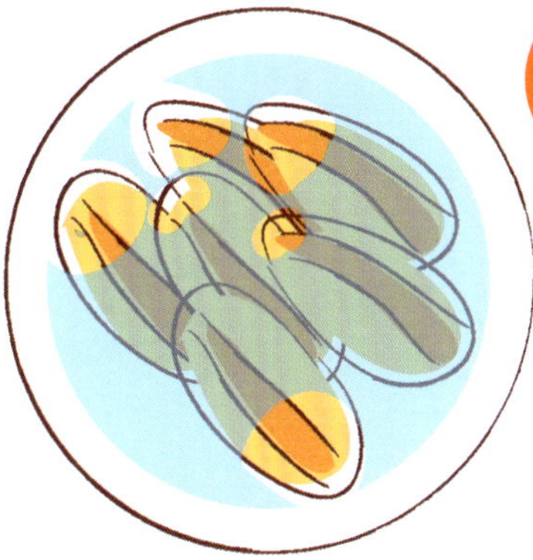

1. Coloque os pães velhos de molho com um pouco de água para ficarem bem molinhos.

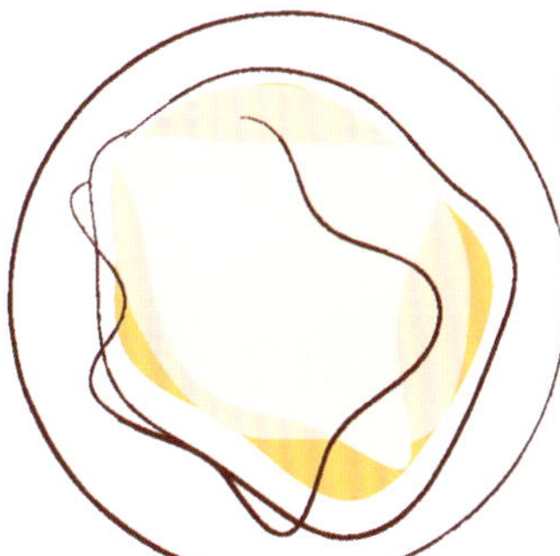

2. Com as mãos esprema esses pães até obter uma massa tipo mingau.

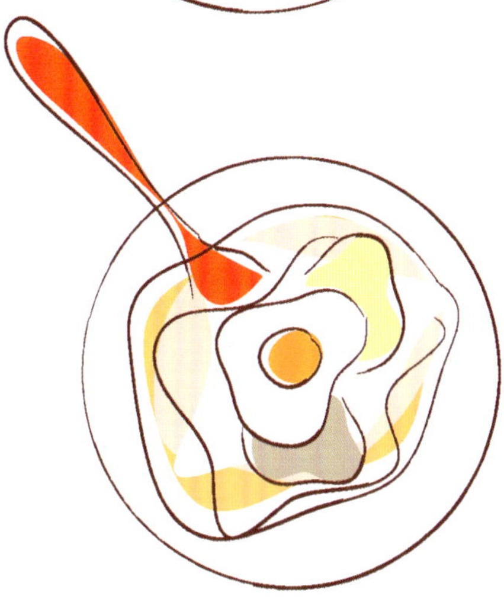

3. Acrescente os outros ingredientes (menos o coco ralado) e mexa bem.

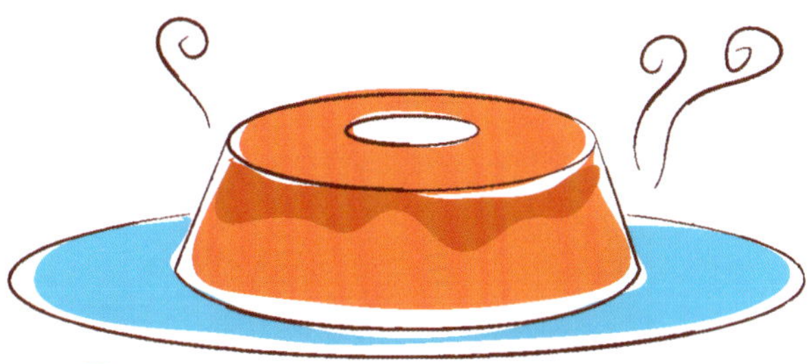

4. Unte a forma com óleo de soja, polvilhe farinha de trigo e despeje a massa. Polvilhe com coco ralado e leve ao forno a 250 °C por 25 minutos ou até dourar a parte de cima.

Manjar de beterraba com geleia de rosas

INGREDIENTES:

- 4 beterrabas cozidas
- 250 ml da água do cozimento da beterraba
- 250 ml de suco de laranja
- 10 colheres (sopa) de açúcar
- 6 colheres (sopa) de amido de milho
- 1 embalagem de gelatina de framboesa

MODO DE PREPARO:

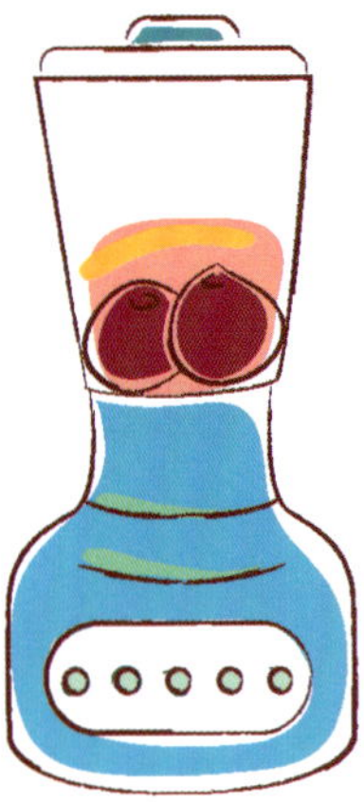

1 Bata no liquidificador 2 beterrabas (reserve as outras duas), a água do cozimento, o suco de laranja, o açúcar e o amido de milho.

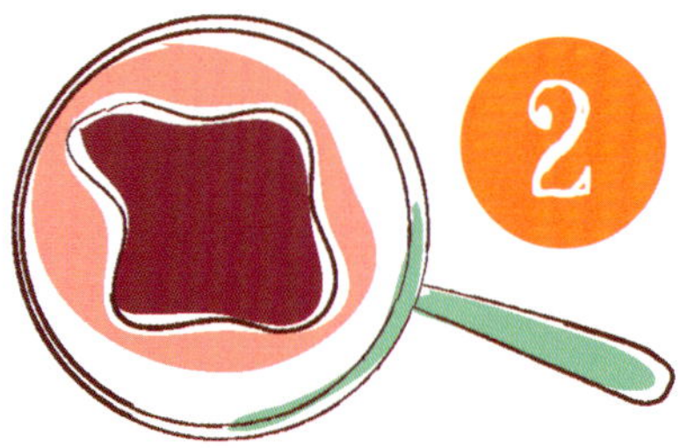

2 Leve ao fogo, mexendo sempre, até engrossar.

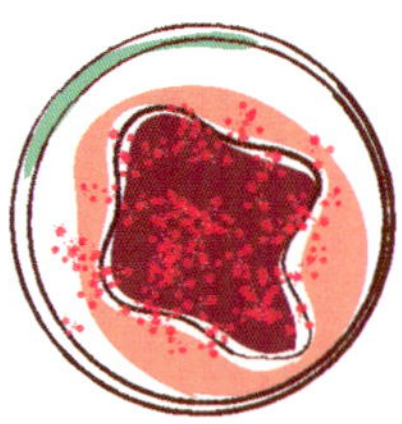

3 Retire do fogo, junte a gelatina de framboesa e misture bem para dissolver.

4 Coloque em uma assadeira umedecida e leve o manjar para gelar.

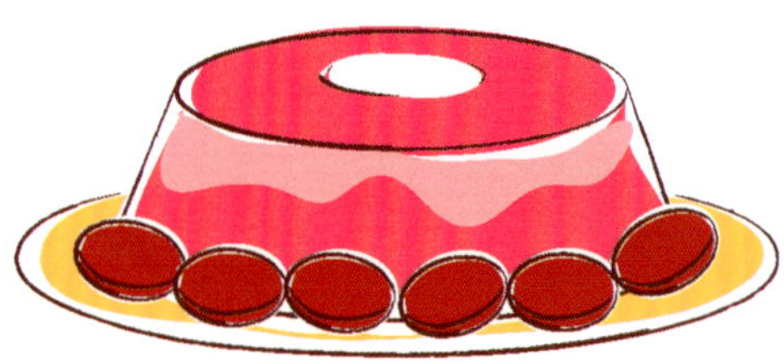

5 Depois de frio, desenforme, enfeite com as beterrabas reservadas (fatiadas ou picadas) e sirva com a geleia de rosas.

Geleia de rosas

INGREDIENTES:

2 xícaras (chá) de pétalas de rosas (branca, amarela, vermelha...)

2 xícaras (chá) de açúcar

2 xícaras (chá) de água

Suco de 1 limão com as sementes

MODO DE PREPARO:

1 Misture bem todos os ingredientes.

2 Leve ao fogo, mexendo sem parar, até engrossar.

3 Retire as sementes de limão, deixe esfriar e conserve na geladeira.

Pudim de macarrão instantâneo

INGREDIENTES:

- 4 ovos inteiros batidos
- 1 colher (chá) de canela em pó
- 1/2 xícara (chá) de açúcar

- 3 pacotes (de 80 g cada) de macarrão instantâneo
- Suco de 1 limão
- 1/2 xícara (chá) de farinha de trigo
- 1 colher (chá) de baunilha
- 1 xícara (chá) de uvas-passas

- 1 xícara (chá) de ameixas pretas picadas
- Suco de 1 laranja
- 1/2 xícara (chá) de cerejas picadas
- 1 colher (sopa) de fermento em pó

MODO DE PREPARO:

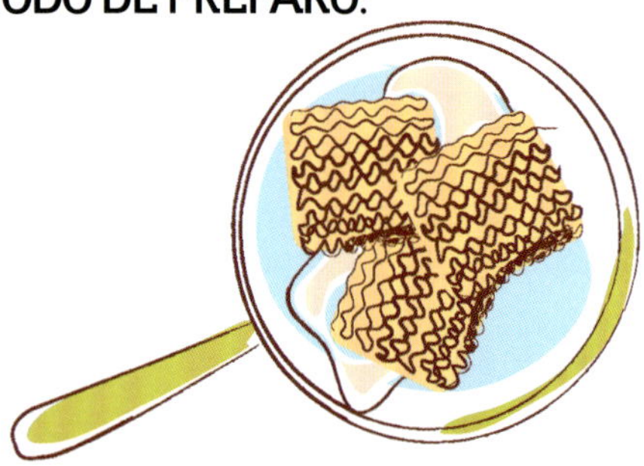

1. Cozinhe o macarrão instantâneo conforme as instruções da embalagem e acrescente o açúcar na água do cozimento.
2. Escorra o macarrão e acrescente o restante dos ingredientes, misturando bem.

3. Coloque a massa em uma forma untada com margarina e farinha de trigo e leve para assar em forno preaquecido a 180 °C por aproximadamente 40 minutos.
4. Sirva quente ou frio com a calda de sua preferência, sorvete ou frutas frescas.

Aperitivos de casca de batata

INGREDIENTES:

Cascas de batata

Óleo

Sal

MODO DE PREPARO:

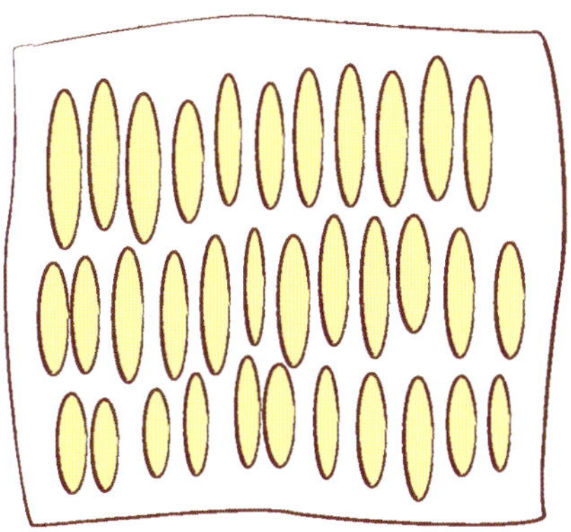

1. Lave e seque bem as cascas de batata e corte em pedaços ou tiras.

2. Aqueça o óleo, coloque as cascas bem secas e deixe dourar.

3. Retire do fogo, seque com papel absorvente e sirva com sal, queijo ralado ou ervas secas.

As cascas podem ser de batata inglesa (tradicional) ou de batata doce.

Molho antioxidante de melancia

INGREDIENTES:

500 g de melancia picada em cubos (sem sementes)

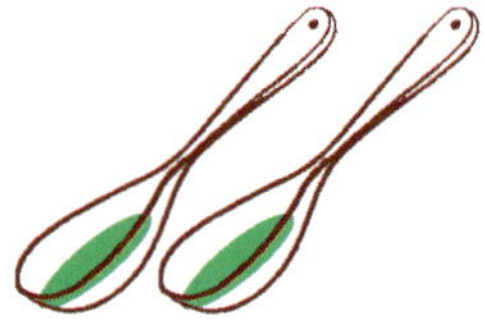

2 colheres (sopa) de manjericão fresco

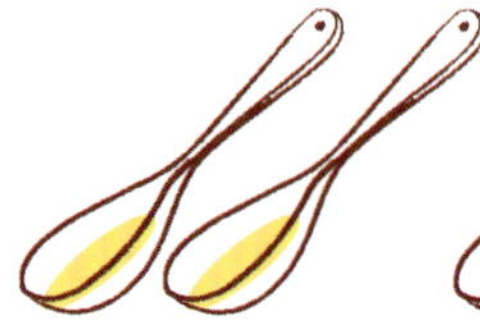

2 colheres (sopa) de azeite

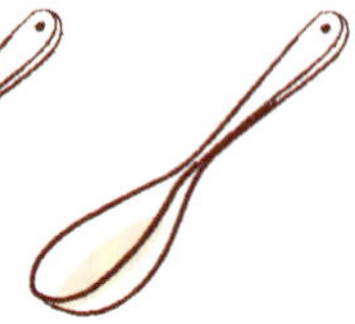

1 colher (chá) de sal

1 cebola picada

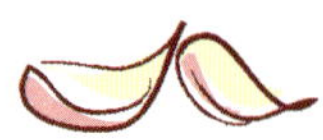

2 dentes de alho picados

1 tablete de caldo de legumes

1 colher (chá) de orégano

MODO DE PREPARO:

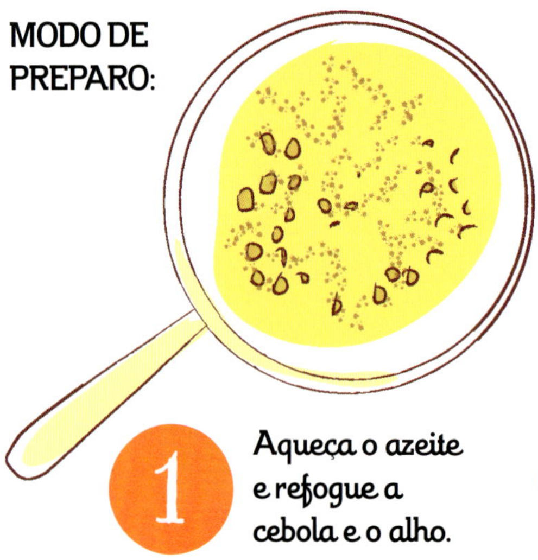

1 Aqueça o azeite e refogue a cebola e o alho.

2 Acrescente a melancia picada e o restante dos ingredientes. Deixe cozinhar em fogo brando para apurar.

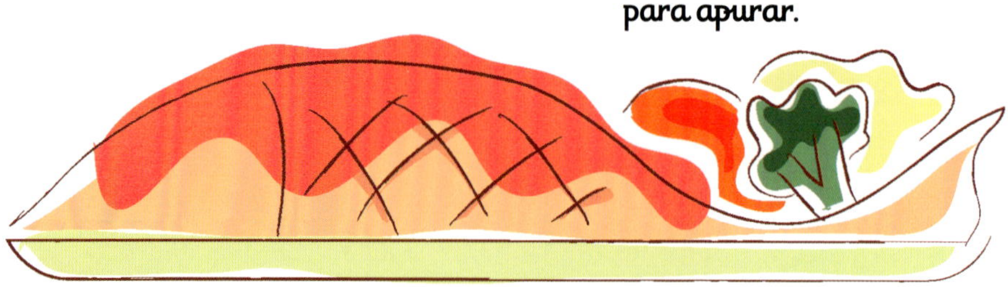

3 Sirva com massas ou como acompanhamento de carnes, aves ou peixes. Dica: o molho de melancia não tem a acidez do molho de tomate.

Brigadeiro com casca de banana

INGREDIENTES:

Casca de 3 bananas lavadas e picadas

1 colher (sopa) de manteiga ou margarina

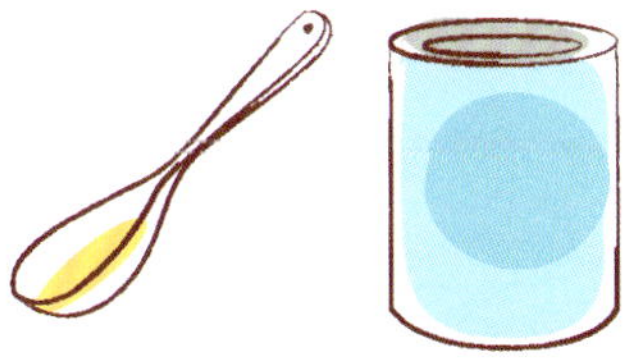

1 lata de leite condensado

1 colher (sopa) de farinha de trigo

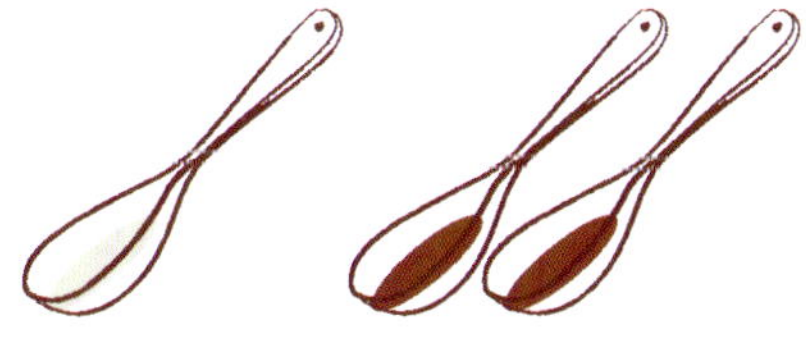

2 colheres (sopa) de chocolate em pó

MODO DE PREPARO:

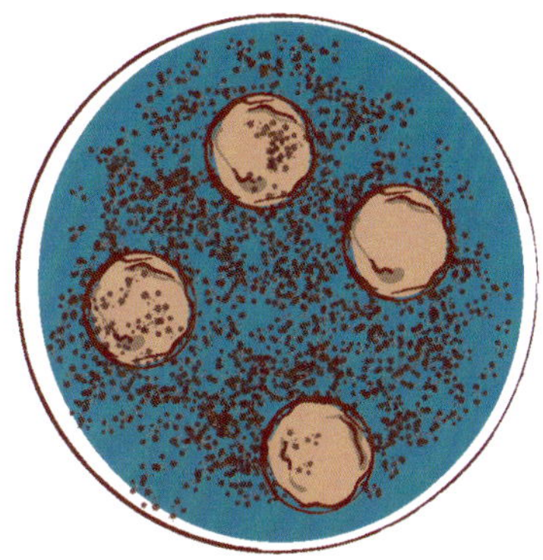

1 Bata todos os ingredientes no liquidificador e aqueça a mistura no micro-ondas por 4 minutos.

2 Depois de frio, enrole e passe no chocolate granulado.

Se preferir preparar o brigadeiro em fogão convencional é só colocar os ingredientes batidos no liquidificador em uma panela e levar ao fogo para apurar sem parar de mexer.

Dica: o brigadeiro de banana pode ser congelado.

Suco anticelulite

INGREDIENTES:

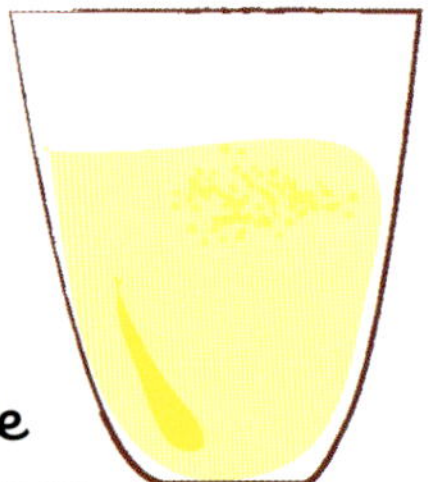

300 ml de água de coco

2 castanhas-do-pará

1 folha de couve

1 maçã picada (com casca)

MODO DE PREPARO:

Bater no liquidificador todos os ingredientes e servir em seguida.

4

ENTRADINHAS RÁPIDAS E DELICIOSAS

Com uma boa pitada de criatividade você vai servir quitutes deliciosos!

Patê Rápido

INGREDIENTES:

1 lata de creme de leite com soro

1 pacote de sopa creme no sabor preferido (cebola, queijo, legumes, ervilha)

MODO DE PREPARO:

Misture bem os dois ingredientes e sirva com torradas, pão italiano, pão integral ou bolachas salgadas.

Petisco de Casca de Pão

INGREDIENTES:

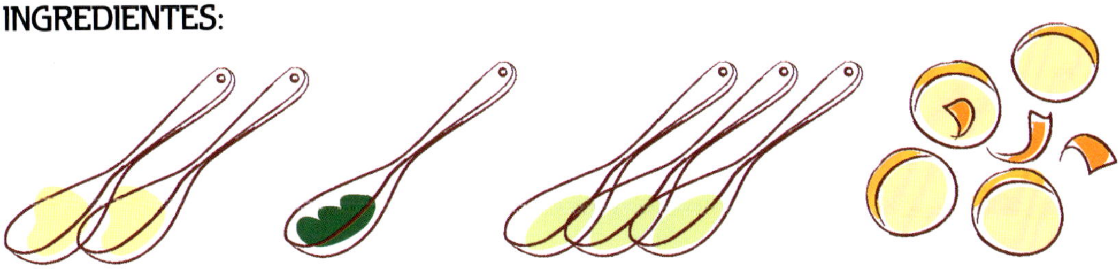

2 colheres (sopa) de sal grosso

1 colher (sopa) de ervas secas

3 colheres (sopa) de azeite

Casca de uma embalagem de pão de forma ou rodelinhas de pães amanhecidos.

MODO DE PREPARO:

Misture bem o sal, as ervas e o azeite e espalhe sobre as cascas de pão.

Leve ao forno preaquecido até dourar.

Depois de frias, acondicione em potes bem fechados.

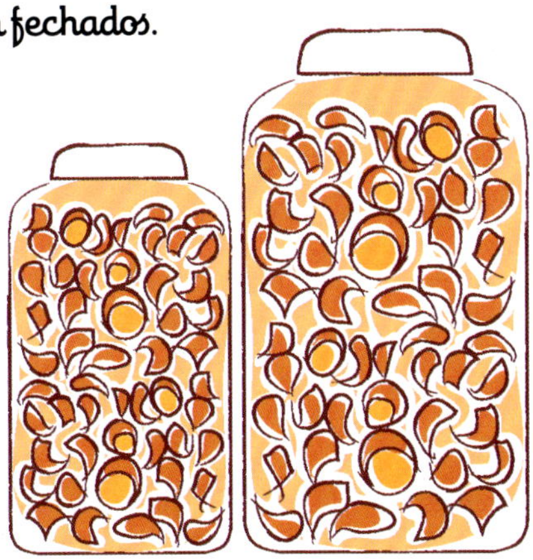

Para preparar no micro-ondas, divida a porção em duas partes, coloque em um refratário e leve ao micro-ondas por 2 a 3 minutos.

Salgadinhos de Macarrão Parafuso

INGREDIENTES:

500 g de macarrão parafuso (tradicional, integral ou colorido)

Água para cozimento

Óleo para fritar

Sal, ervas secas ou queijo ralado para temperar

MODO DE PREPARO:

1 Cozinhe o macarrão (sem óleo e sem sal), deixando-o "al dente".

2 Escorra bem, deixando a massa ficar bem seca com o auxílio de papel toalha.

3 Em seguida aqueça o óleo e frite em pequenas porções, deixando dourar.

4 Retire, escorra no papel toalha e tempere com sal, ervas secas ou queijo ralado.

Pode ser servido também com açúcar e canela. O ideal é o macarrão parafuso ou similar.

5 Depois de frio, pode ser acondicionado em potes bem fechados para não perder a crocância.

Para obter sucesso no cozimento de massas, calcule sempre um litro de água para cada 100 g de massa. Para cozinhar 500 g de massa é necessário 5 litros de água, por exemplo.

Salgadinhos de Sementes

INGREDIENTES:

Sementes de melancia, melão ou abóbora (lavadas e bem secas)

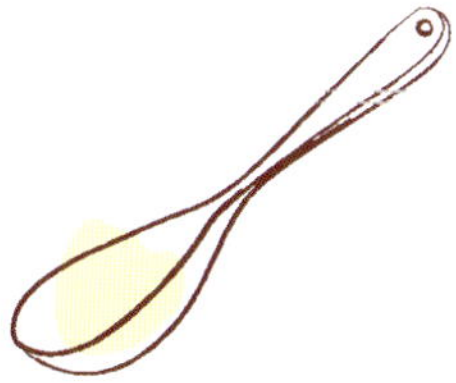

1 colher (sopa) de sal

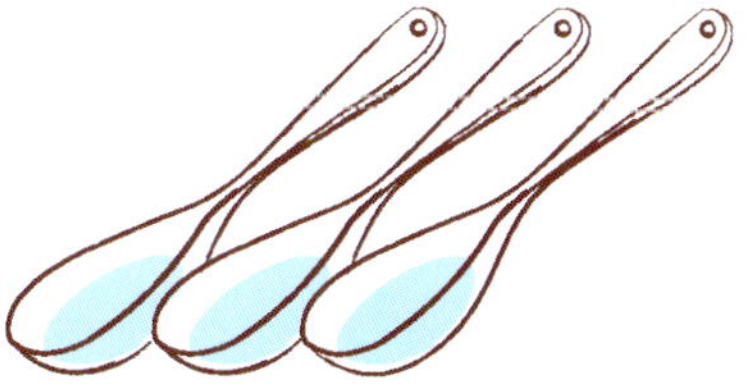

3 colheres (sopa) de água

MODO DE PREPARO:

Espalhe as sementes em uma assadeira, misture bem a água com o sal e espalhe sobre as sementes.

Leve para assar em forno preaquecido a 180 °C por 15 minutos ou até que estejam tostadas.

Retire do forno e, depois de frias, acondicione em potes bem fechados.

Mix de Frutas Secas e Pães com Azeite

Para o mix: coloque em um pote uma mistura de amendoins, castanhas de caju, nozes, amêndoas e damasco (você pode usar também castanhas-do-pará e avelãs).

Faça uma cesta de pães com dois ou três tipos: francês, baguete, integral, italiano ou ciabata.

Coloque em um recipiente um pouco de azeite de oliva extra-virgem e sal para os convidados molharem os pães na mistura.

Dica: você pode fazer também azeite aromatizado.
Sugestões: com manjericão fresco, anchovas, azeitonas verdes trituradas ou pimenta.

5

FESTINHAS INFANTIS

Este tipo de festa é muito importante, pois o homenageado é alguém que você ama muito! É uma comemoração que reúne convidados de várias idades, desde os avós até os coleguinhas, então o cardápio deve ser feito para agradar a todos.

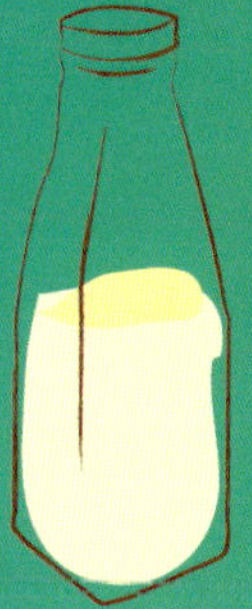

Algumas dicas legais:

1 Se a idade de seu filho permitir, converse com ele sobre:
- Tipo de festa que ele gostaria;
- Qual o tema;
- Qual o local e horário;
- Quem convidar.

2 Analise seu orçamento antes de definir tudo.

3 Compartilhe as funções de organização com o pai e peça ajuda aos avós, tios e padrinhos. Se precisar, recorra a profissionais da área antes de definir tudo.

4 Planeje o convite (é muito prático enviar por e-mail também).

Em média, de 15 a 20% dos convidados não comparecem ao evento.

5 **Horários**

No fim de semana os amiguinhos normalmente vão com irmãos e pais, o que aumenta o número de convidados. Após a escola, nos dias de semana, é uma excelente opção para crianças com mais de 6 anos, pois eles poderão ir com as mães de amiguinhos ou você pode organizar o transporte. Como as crianças saem da escola famintas, sirva algo logo na chegada.

6 **Festas em casa ou no salão de festas do prédio**
- Reserve a data do salão antes de fazer os convites.
- Verifique se o local é protegido em caso de chuva.
- Contrate animação e/ou brinquedos, dependendo da idade.
- Pense no conforto dos convidados (cadeiras, bancos etc).
- Escolha o cardápio de acordo com os recursos que você tem (forno/fogão) e com a equipe que irá lhe assessorar.
- Hoje há serviços de barraquinhas, tipo cachorro quente, pizzas, pastel e pipoca que, além de decorar o evento, são muito práticos.

7 **Escolhendo um Buffet**
- Opte por um no mesmo bairro da escola ou de sua casa.
- Reserve com antecedência e faça uma degustação antes.
- Durante a semana os preços são melhores.
- Analise a idade do aniversariante e se o buffet é compatível.
- Não esqueça da animação - ela representa 50% do sucesso da festa.
- Veja se a iluminação do salão é suficiente.

Só assine o contrato após ler e reler muito bem.

8 Sugestão de quantidade por pessoa:

CRIANÇAS

- 5 salgadinhos
- 1 prato de massa
- 5 docinhos
- 100 g de bolo
- 250 ml de refrigerante

ADULTOS

- 7 salgadinhos
- 1 prato de massa (ou até 1 1/2 prato de massa)
- 6 docinhos
- 100 g de bolo
- 500 ml de refrigerante

Não esqueça a água: em média, uma garrafa por pessoa.

9 Bolos e docinhos devem ser muito gostosos. Se você não tem tempo, ou habilidade, contrate este serviço, mas tenha certeza de que escolheu certo e experimente antes. Fuja de docinhos modelados e bolos com pasta americana: crianças detestam. Os tradicionais são os melhores!

10 Um fotógrafo para as fotos e filmagem é essencial. Se a verba estiver controlada, convoque alguém querido, que aceite a tarefa com carinho.

12 Faça um roteiro da festa, início, meio e fim, com a sequência do cardápio até o horário do PARABÉNS!

13 Pense nas lembrancinhas, pois as crianças esperam ansiosamente por este momento.

14 Confira se os banheiros estão em ordem e funcionando.

Não esqueça também do som ambiente!

11 Gele as bebidas com antecedência e não se esqueça de deixar alguns refrigerantes sem gelo (sempre alguma mãe vai solicitar).

15 Não use locais perigosos para a festa, como escadas, janelas sem proteção, sacadas perigosas ou brinquedos sem manutenção.

Não esqueça o brigadeiro e a velinha!

Pizza de panela de pressão

INGREDIENTES:

- 30 g de fermento biológico
- 1 colher (chá) de sal
- 1 colher (chá) de açúcar
- 1 xícara (chá) de água
- 1/2 xícara (chá) de óleo
- 500 g de farinha de trigo

RECHEIO (SUGESTÕES)

- Molho de tomate
- Mussarela ralada (ou outro tipo de queijo)
- Presunto (ou outro embutido)
- Cebola fatiada
- Legumes (milho, ervilha, brócolis...)
- Palmito ou cogumelo
- Azeitonas

MODO DE PREPARO:

Em um recipiente, coloque o sal, o açúcar e o fermento, mexendo para dissolver.

Adicione a água, o óleo e a farinha, misturando para obter uma massa homogênea.

Cubra e deixe descansar por 20 minutos. Em seguida, divida a massa em bolinhas e abra para formar os discos.

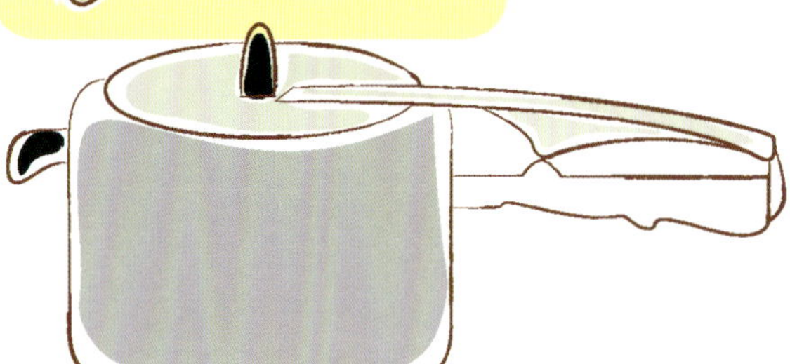

Aqueça a panela de pressão, despeje um pouco de azeite, coloque o disco, o molho e o recheio escolhido. Tampe a panela, abaixe o fogo e deixe por 4 minutos.

Retire a pressão, abra a panela e sirva a pizza

Espetinhos de cachorro quente

INGREDIENTES:

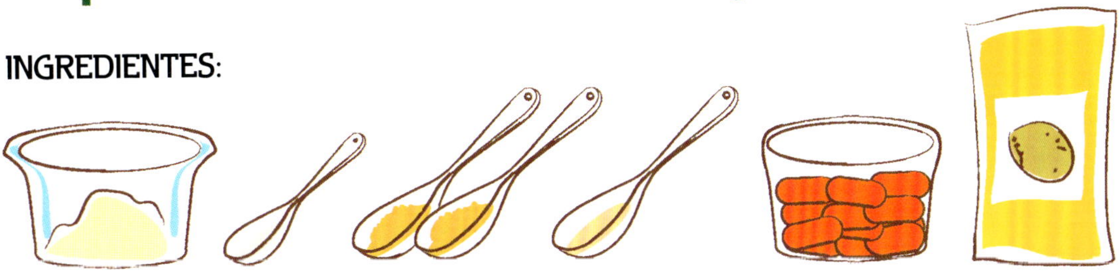

- 500 g de batatas cozidas e espremidas
- 1 colher (chá) de sal
- 2 colheres (sopa) de queijo ralado
- 1 colher (sopa) de manteiga ou margarina
- 200 g de minissalsichas cozidas
- 1 pacote de batata palha

MODO DE PREPARO:

Em um recipiente, misture a batata espremida, o sal, o queijo, a manteiga e espere esfriar.

Abra pequenas porções da massa na palma da mão, recheie com a salsicha, coloque em espetos de churrasco e passe na batata palha.

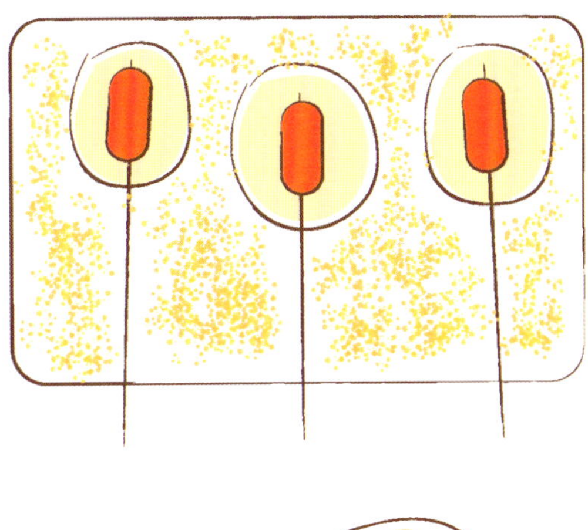

Leve para assar em forno preaquecido a 180 °C por aproximadamente 15 minutos, virando na metade do tempo.

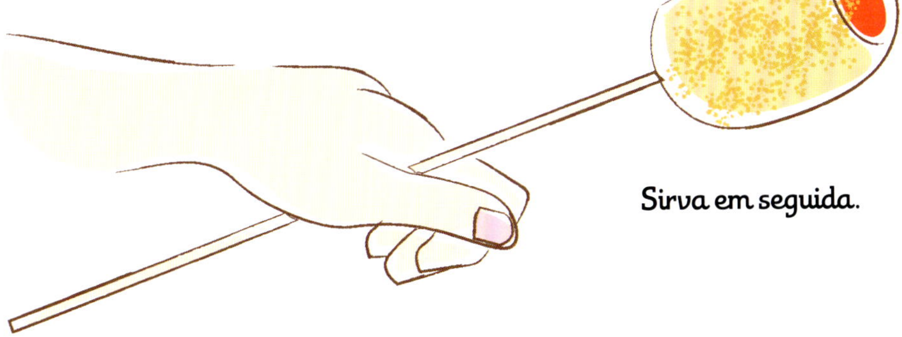

Sirva em seguida.

Bolo espetado no palito

INGREDIENTES:

1 massa de bolo (branca ou de chocolate)

Leite condensado

300 g de chocolate derretido (preto ou branco)

Palitos de pirulito

MODO DE PREPARO:

Multiprocesse a massa do bolo, coloque leite condensado o suficiente para dar liga e deixe descansar por 30 minutos.

Enrole formando docinhos, espete no palito, banhe no chocolate derretido, coloque em uma superfície forrada com papel alumínio ou papel manteiga e deixe na geladeira para o chocolate endurecer.

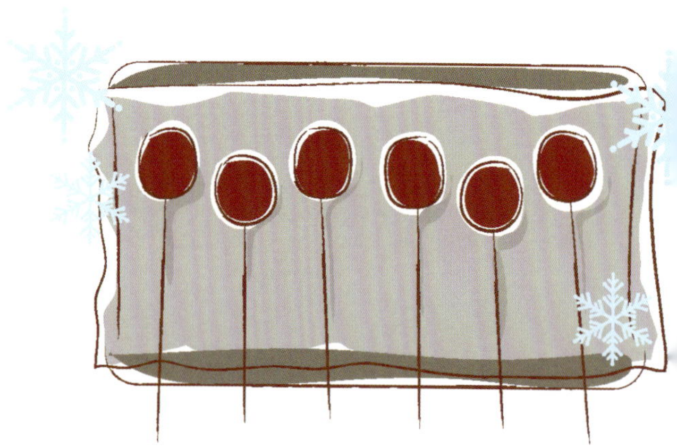

O chocolate pode ser derretido em banho-maria ou no micro-ondas.

Dica: se utilizar chocolate branco, você pode deixar colorido com anilina comestível.

Pirulito de bolacha

INGREDIENTES:

Palitos de sorvete

Bolachas doces sem recheio de qualquer formato ou sabor

Recheio doce de sua preferência (brigadeiro, Nutella, doce de leite, geleia...)

200 g de chocolate derretido (ao leite ou branco)

Chocolate granulado, confeitos coloridos ou coco ralado seco

MODO DE PREPARO:

Passe o recheio escolhido em duas bolachas, coloque em uma delas o palito de sorvete e junte a outra bolacha.

Banhe no chocolate derretido e enfeite com o chocolate granulado ou com os confeitos coloridos.

Espete em uma base de isopor e deixe secar bem.

Se preferir, embale em saquinhos transparentes e feche com fitilhos.

Pode ser utilizado como lembrancinha de aniversário ou de chá de bebê.

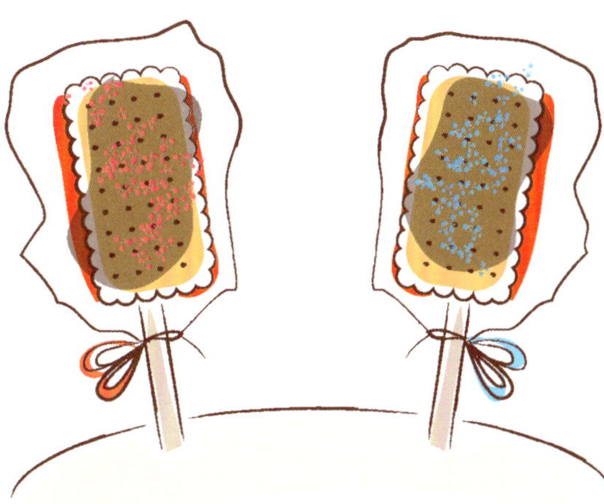

Pirulitos de gelatina

INGREDIENTES:

Palitos de pirulito

2 embalagens de gelatina de qualquer sabor (cereja, morango, limão)

500 ml de água

4 embalagens de gelatina sem sabor

Formas próprias para fazer pirulitos

Óleo para untar

MODO DE PREPARO:

Da quantidade total de água, retire 1 xícara (chá) e hidrate e dissolva a gelatina sem sabor conforme instruções da embalagem.

Coloque o restante da água para ferver, dissolva a gelatina com o sabor escolhido, junte a gelatina sem sabor hidratada e dissolvida, e misture bem.

Unte levemente com óleo as formas, despeje a gelatina, coloque o palito e leve para gelar. Quando estiverem bem firmes, desenforme. Podem ser acondicionados fora da geladeira.

6

DOCE PÁSCOA

Uma festa religiosa muito comemorada no Brasil, onde as crianças adoram a chegada do coelhinho e ovos de chocolate.

Lasanha de chocolate

INGREDIENTES:

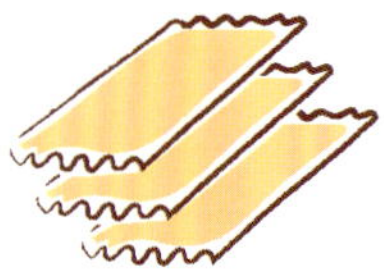

500 g de massa de lasanha pré-cozida

300 g de chocolate ao leite derretido

200 g de chocolate meio-amargo derretido

1 lata de creme de leite (com soro)

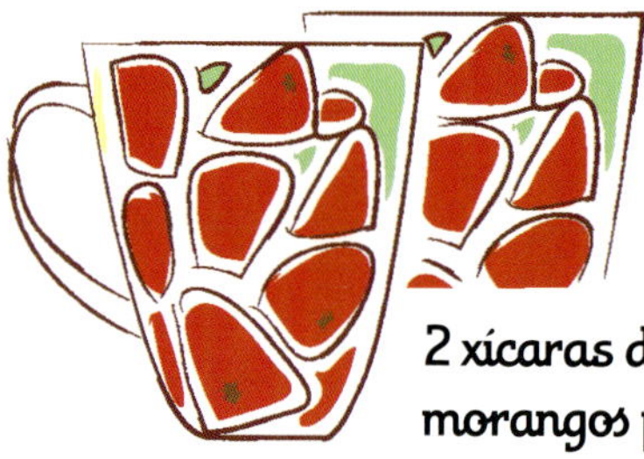

2 xícaras de morangos picados

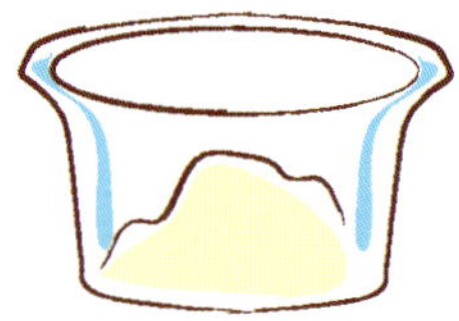

150 g de chocolate branco em lascas

Folhas de hortelã para enfeitar

MODO DE PREPARO:

Junte os dois tipos de chocolate derretidos, adicione o creme de leite e misture bem.

Em um refratário, alterne camadas de massa, de creme de chocolate e de morangos picados. Leve ao forno preaquecido por aproximadamente 20 minutos.

Retire do forno, espalhe o chocolate branco cortado em lascas e enfeite com folhinhas de hortelã.

Sirva com uma sopinha de morangos batidos e sorvete de creme.

Sopinha de morangos batidos

INGREDIENTES:

1 xícara (chá) de água

1/2 xícara (chá) de açúcar

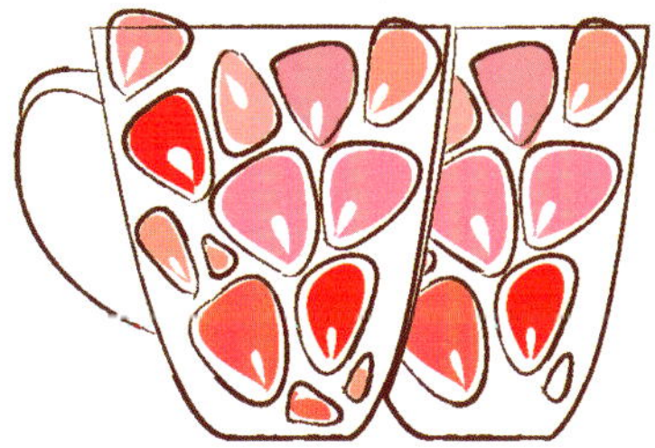

2 xícaras (chá) de morangos picados

MODO DE PREPARO:

Em uma panela, leve ao fogo a água e o açúcar.

Assim que ferver, junte os morangos e deixe cozinhar por alguns minutos.

Retire do fogo, bata no liquidificador na tecla pulsar e sirva com a lasanha de chocolate.

Estrogonofe de chocolate com arroz doce

INGREDIENTES:

1 lata de leite condensado

1 lata de creme de leite com soro

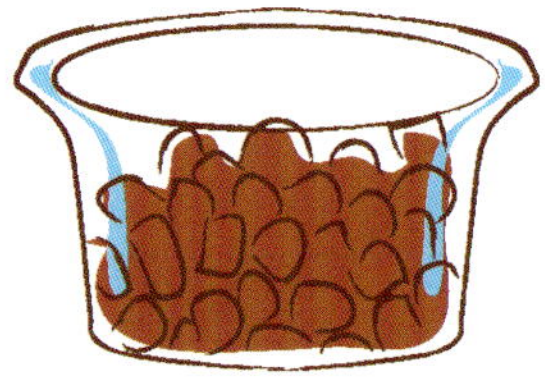

250 g de chocolate ao leite picado ("carne")

150 g de nozes picadas ("champignon")

MODO DE PREPARO:

Ponha a lata de leite condensado na panela de pressão, cubra com água e leve para cozinhar por 25 minutos. Retire do fogo e espere a lata esfriar completamente antes de abrir.

Coloque o creme de leite e misture suavemente.

Acrescente o chocolate picado, as nozes e sirva com uma porção de arroz doce.

Dica: se quiser, acrescente uma colher (café) de essência de baunilha à mistura.

Arroz Doce

INGREDIENTES:

4 xícaras (chá) de água

1 xícara (chá) de arroz cru

1/2 xícara (chá) de açúcar

1 medida (lata) de leite integral

1 pedaço de canela em pau

1 lata de leite condensado

1 lata de creme de leite

MODO DE PREPARO:

Coloque em uma panela o arroz, a água, o açúcar e a canela e deixe cozinhar em fogo médio.

Depois de cozido, acrescente o leite condensado e o leite e deixe ferver até secar um pouco do líquido.

Retire do fogo, coloque o creme de leite (com soro) e misture bem.

Leve à geladeira e, quando estiver gelado, sirva com o estrogonofe.

Salame de chocolate

INGREDIENTES:

- 400 g de bolacha Maizena quebrada
- 1 lata de leite condensado
- 1 1/2 xícara (chá) de margarina amolecida
- 2 xícaras (chá) de chocolate em pó
- 1 xícara (chá) de castanha-do-pará picada (ou nozes, avelãs, amêndoas ou amendoim)

MODO DE PREPARO:

Misture bem a margarina, o leite condensado e o chocolate. Acrescente as bolachas picadas e a castanha-do-pará.

Abra um filme de PVC, coloque a massa e forme um rolo, como um rocambole, envolvendo toda a massa com o plástico.

Deixe gelar por aproximadamente 2 horas, para ficar bem firme.

Em seguida, retire do plástico e envolva a massa em uma folha de papel chumbo (própria para chocolate).

Dica: se for presentear, faça um acabamento com papel crepom ou transparente, enrolando como uma bala, e feche as extremidades com uma fita ou fitilho.

7

NATAL

Festa universal, abrangente e calorosa que envolve a todos. É uma das mais coloridas celebrações humanas. É a data onde todos se preocupam em presentear alguém, não importa o valor, classe social ou religião. De um modo geral, no Brasil, todos dizem: FELIZ NATAL!

Dicas de organização

1 Comece planejando o local e escolhendo os convidados.

2 Prepare os convites, use selos (correio) de Natal para customizar.

3 Planeje o cardápio

O Natal é uma festa de família, pense se você vai dividir a responsabilidade do cardápio com os convidados, o que é muito usual.

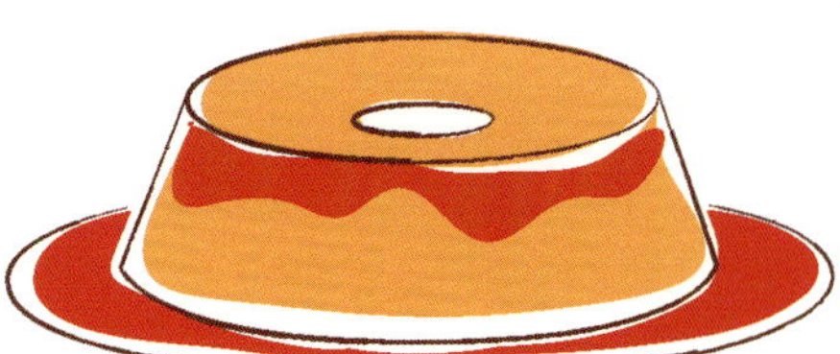

4 Coordene a sequência da festa:

o que oferecer no coquetel, onde e até que horas; em qual o horário você irá servir

- o jantar;
- sobremesas;
- brinde da meia-noite.

Pense como irá acomodar os convidados e se tem lugar para todos à mesa.

Dicas de organização

5 Deixe as bebidas, gelo e copos juntos, assim não terá que se preocupar em servir.

Prepare também alimentos para se comer com as mãos – isso evita muita louça para lavar.

6 Programe o cardápio com pratos que possam ser preparados com antecedência e, se necessitarem aquecimento, que o recipiente e o alimento possam ir ao forno.

7 Arrume o lavabo e não deixe faltar papel, toalhas e sabonete.

Música e velas acesas pela casa deixam um clima agradável.

8 **Crie momentos especiais:** pode ser uma oração, uma homenagem a um convidado, um sorteio de um presente especial ou lembrancinhas.

Dicas de decoração para o grande dia

Recicle a decoração de anos anteriores, mude laços, troque a iluminação.

Hoje existe uma variedade muito grande de apetrechos para a iluminação, com cores e formatos incríveis.

Use e abuse de cores únicas, fica muito elegante: branco e prata, apenas verde ou vermelho.

Fitas acompanham muito bem os tons da iluminação.

Ao receber os convidados, peça e guarde os seus pertences.

Coloque os aperitivos na sala de estar e deixe o clima "natalino" (música, luz, velas).

Faça as apresentações entre os convidados e ressalte o que eles têm em comum.

Fique fora da cozinha o máximo possível e divirta-se com os convidados. Aproveite a festa!

Se receber algum presente, abra, agradeça e leve para um local discreto (evite o constrangimento de quem não trouxe presente).

Mantenha o bom-humor, evite assuntos polêmicos e passe a alegria típica de Natal. Se algo der errado, não se aborreça, pois nada é tão grave!

Enfeite a borda do copo ou da taça dos sucos e drinques

Ao preparar um colorido suco ou drinque para os convidados, dê uma caprichada no visual.

1 Antes de colocar a bebida no copo, umedeça a borda com suco de limão.

2 Passe em seguida no açúcar branco ou colorido.

3 O efeito é muito bonito e vai valorizar ainda mais a bebida.

Dica: para dar mais sabor aos sucos, substitua o gelo normal por cubos feitos com o próprio suco ou de outras frutas – suco de laranja com cubos de suco de kiwi fica uma delícia!

Panetone na lata

Compre massa pronta ou prepare uma de sua preferência.

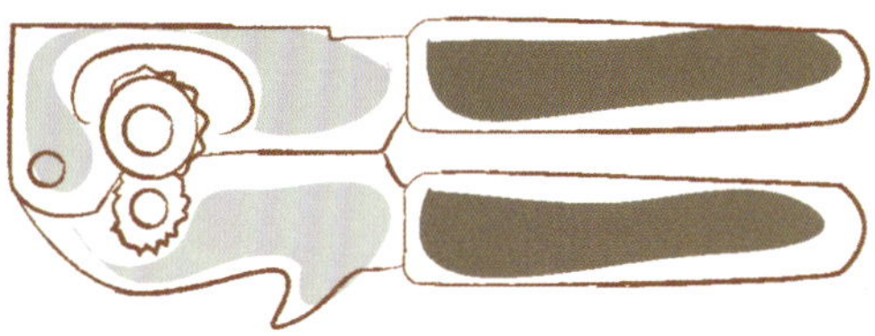

Utilize um abridor que não deixe rebarbas nas latas.

Higienize bem latas vazias de leite condensado ou creme de leite e coloque a massa do panetone, preenchendo metade da lata, que não precisa ser untada, nem forrada com papel manteiga.

Deixe descansar por 20 minutos e leve para assar em forno preaquecido a 180 °C, por aproximadamente 30 minutos.

Farofa de salame e salgadinho de milho

INGREDIENTES:

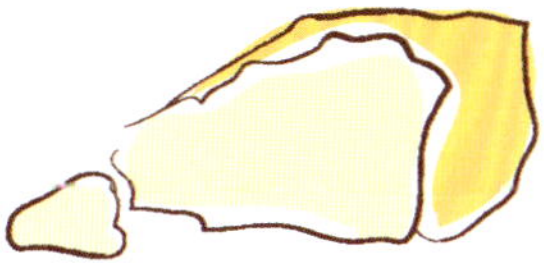

100 g de margarina

1 cebola picada

1 pimentão amarelo picado

200 g de salame multiprocessado

1 xícara (chá) de uva passa sem semente

1/2 xícara (chá) de azeitona verde picada

2 pacotes de salgadinho de milho triturados

MODO DE PREPARO:

Aqueça a margarina, refogue a cebola, junte o pimentão e deixe cozinhar um pouco.

Junte as passas, o salame e a azeitona, misturando tudo. Retire do fogo, adicione o salgadinho de milho triturado e mexa bem.

Sirva quente ou fria.

Balinha de azeitona

INGREDIENTES:

200 g de azeitonas verdes recheadas

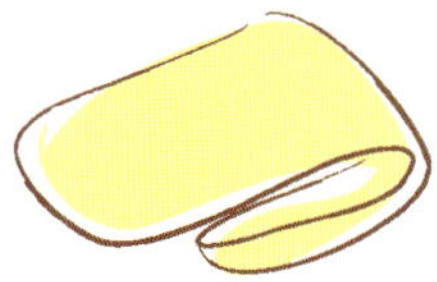

200 g de massa folhada

1/2 xícara (chá) de farinha de trigo (para abrir a massa)

1 clara de ovo

MODO DE PREPARO:

Com o auxílio de um rolo, abra um pedaço da massa folhada sobre uma superfície polvilhada com farinha de trigo.

Corte a massa em tiras finas, envolva uma azeitona recheada em cada tira de massa e feche a extremidade passando um pouco da clara (sem bater).

Coloque as balinhas em uma assadeira, sem untar, com a emenda da massa para baixo e leve para assar em forno preaquecido a 180 °C, por aproximadamente 25 minutos, ou até dourar.

Aproveitando as sobras de Natal

ASSADOS:

Faça croquetes ou bolinhos.

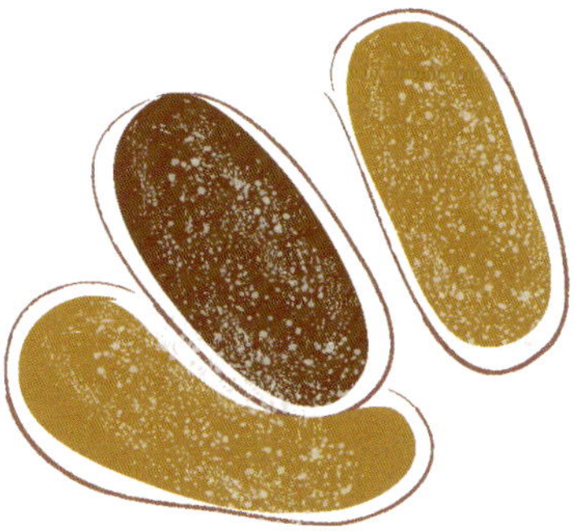

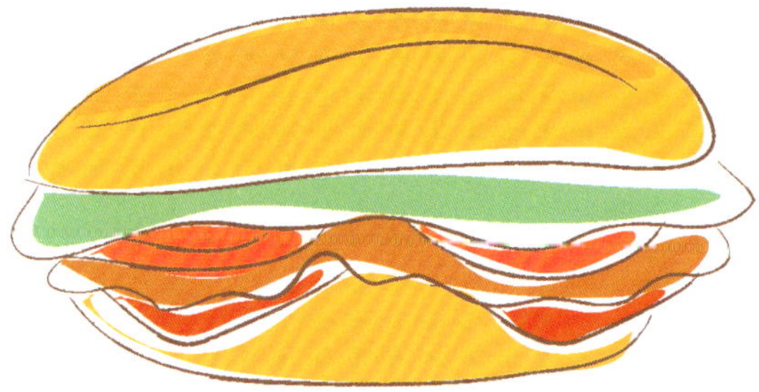

Desfie e sirva em saladas ou lanches.

Asse um bolo salgado e coloque sobre ele as sobras picadas.

FRUTAS:

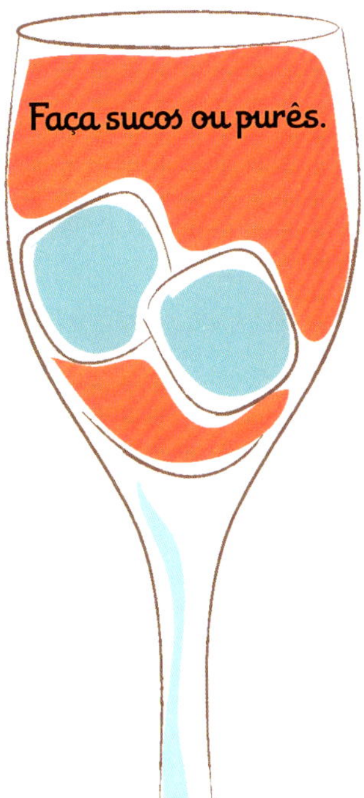

PANETONE:

Não acho interessante guardar ou reciclar alimentos como maionese, salpicão e molhos, pois são alimentos que deterioram muito rápido e com certeza ficaram expostos por bastante tempo.

Panetone no vaso

Compre massa pronta ou prepare uma de sua preferência.

Utilize vasos de barro que devem ser higienizados e forrados com papel manteiga antes de receberem a massa.

Coloque a massa já descansada preenchendo 3/4 do vaso e deixe crescer por mais 20 minutos.

Pré-aqueça o forno em temperatura média (180 °C), coloque os vasos com a massa em uma assadeira e leve para assar por aproximadamente 30 minutos, ou até ficarem dourados. Você vai adorar esta montagem!

8

DICAS QUENTES PARA O INVERNO

O inverno é uma estação chique, quando usamos roupas mais pesadas, botas e casacos elegantes. Por causa do frio ficamos mais em casa, então, uma alimentação com comidas quentes e "aconchegantes" é a ideal para a estação.

Dicas para incrementar as sopas

Substitua a água na preparação por leite (integral ou desnatado); vai ficar muito mais nutritiva e saborosa.

Para deixar a sopa mais cremosa coloque um pouco de requeijão, cream cheese ou creme de leite.

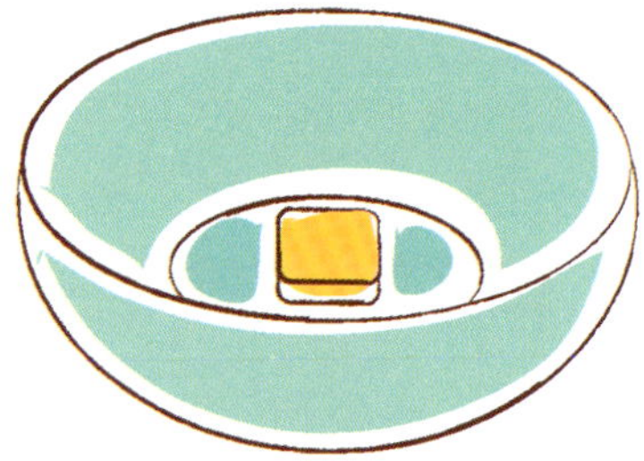

Antes de servir, coloque no fundo da cumbuca um queijinho, daquele embalado individualmente (hoje há outros sabores além do tradicional: cheddar, provolone ou ervas) e coloque a sopa bem quente sobre o queijo. Fica uma delícia!

Você pode aproveitar aquele pão francês que já ficou duro, passar um pouco de azeite, polvilhar orégano e dourar na frigideira ou no forno.

Para incrementar o visual e o sabor, sirva as sopas em canecas ou cumbucas, acompanhadas com:

- ervas frescas ou secas
- bacon tostado bem sequinho
- queijo ralado grosso ou cortado em lascas
- cubinhos de tomate
- ovo cozido bem picadinho

Acrescente à sopa 1/2 de xícara de vinho branco (fica muito saborosa), principalmente se ela for de queijo.

Sirva o tradicional creme de ervilhas com uma porção de ervilhas frescas.
O creme de palmito também ficará mais saboroso se você servir com rodelinhas de palmito e folhinhas de hortelã.

Para dar um toque oriental, acrescente um pouco de gengibre na hora de servir.

Quentão sem álcool

INGREDIENTES:

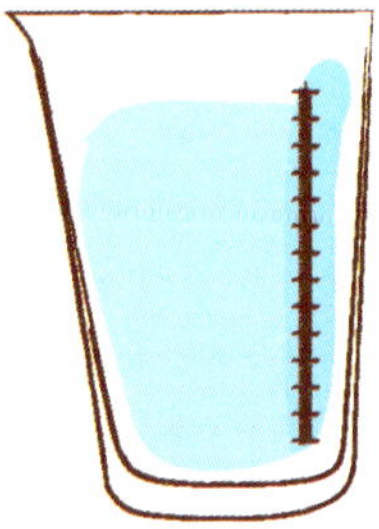

1 litro de água

1 xícara (chá) de açúcar

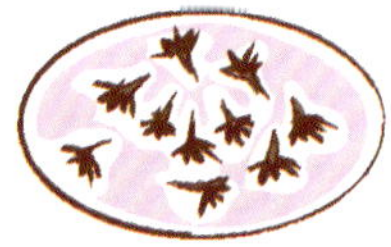

10 cravos

10 pedaços de canela

1 fatia grossa de limão

1 fatia grossa de laranja

1 gengibre picado

2 colheres (sobremesa) de essência de rum

MODO DE PREPARO:

Coloque todos os ingredientes em uma panela, com exceção da essência, e deixe ferver por 20 minutos em fogo baixo.

Em seguida, acrescente a essência, misture bem e sirva ainda quente.

Cappuccino cremoso

INGREDIENTES:

300 g de leite em pó

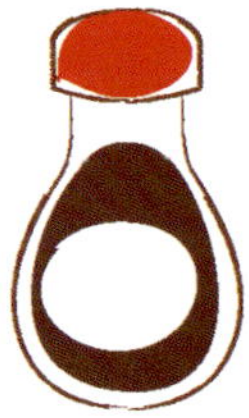

50 g de café solúvel

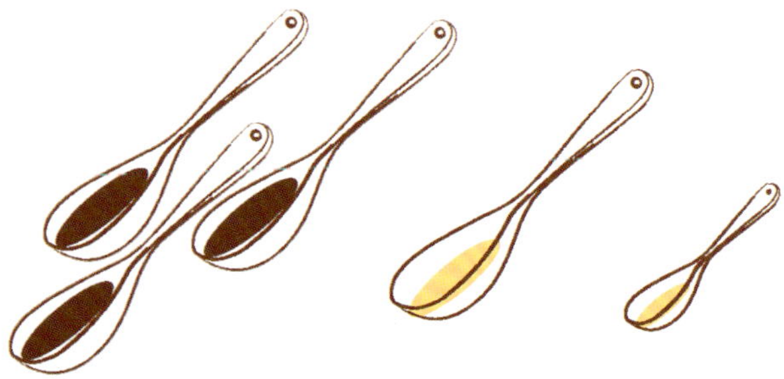

3 colheres (sopa) de chocolate em pó

1 colher (sopa) de bicarbonato de sódio

1 colher (café) de canela em pó

MODO DE PREPARO:

Misture bem todos os ingredientes e guarde em um recipiente fechado.

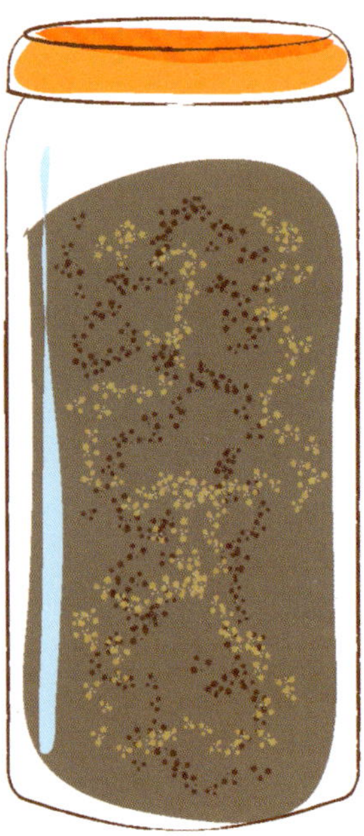

Para preparar o cappuccino, dissolva 2 colheres (chá) da mistura em 100 ml de água, café ou leite, tudo bem quente. Adoce a gosto e sirva em seguida.

Chocolate quente

INGREDIENTES:

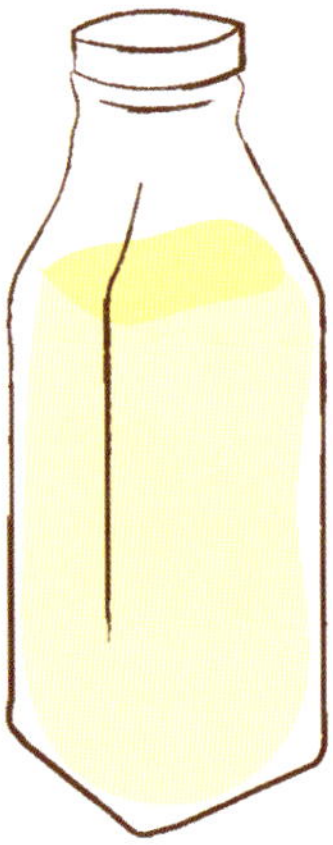

1 litro de leite

1 lata de leite condensado

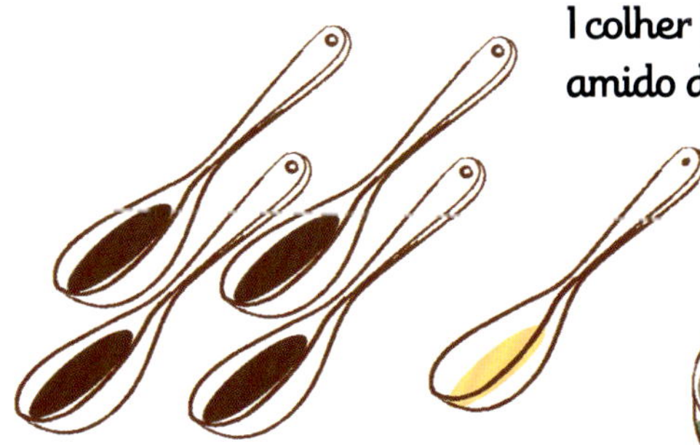

4 colheres (sopa) de chocolate em pó

1 colher (sopa) de amido de milho

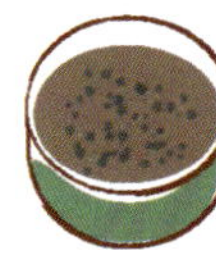

Canela para polvilhar

MODO DE PREPARO:

Bata todos os ingredientes no liquidificador e leve ao fogo médio até engrossar.

Distribua em canecas, polvilhe a canela em pó e sirva ainda quente.

Chá antigripal

INGREDIENTES:

Suco de 1 limão

1 colher (sopa) de mel

1 1/2 xícara de água

1 dente de alho

1 pedaço de gengibre picado

5 cravos

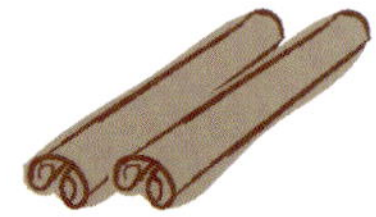

2 pedaços de canela

MODO DE PREPARO:

Leve todos os ingredientes para ferver, com exceção do limão e do mel que serão colocados na hora de servir. Passe pela peneira e tome ainda quente.

Chá calmante (boa-noite Cinderela)

INGREDIENTES:

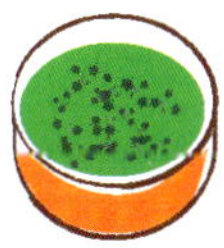

- 2 xícaras (chá) de água
- Polpa de 1 maracujá
- 1 porção de erva cidreira fresca ou seca
- 1 folha de alface
- Açúcar ou mel para adoçar

MODO DE PREPARO:

Leve ao fogo todos os ingredientes para ferver.
Passe pela peneira, adoce e sirva em seguida.

Chá das bruxas

INGREDIENTES:

- 1 xícara (chá) de açúcar
- 1 1/2 litro de água
- Polpa de 2 maracujás
- 3 maçãs picadas com a casca
- 10 pedaços de canela
- 1 colher (sopa) de erva doce

- 1 laranja
- 2 limões
- 6 morangos
- 10 cravos
- 1 colher (sopa) de camomila
- 1 xícara (chá) de folhas de hortelã

MODO DE PREPARO:

Em uma panela, coloque o açúcar e leve ao fogo para caramelizar.

Acrescente o restante dos ingredientes e deixe ferver em fogo brando por 20 minutos.

Passe por uma peneira e sirva em seguida.

Dica: no verão este chá pode ser servido gelado.

Adoce chá ou café com balas ou torrões de açúcar

Depois de uma saborosa refeição é hora do cafezinho... Surpreenda e coloque balas de qualquer sabor (hortelã, menta, limão ou canela) para adoçar no lugar do açúcar ou do adoçante (usando balas diet).

Dica: além do café você pode adoçar também os chás.

TORRÕEZINHOS DE AÇÚCAR

1 xícara (chá) de açúcar

1 colher (sopa) de água

Forminhas de acetato (utilizadas para fazer bombom)

MODO DE PREPARO:

Misture bem a água e o açúcar, coloque nas forminhas de acetato, aperte bem e desenforme em seguida.

Deixe secar e guarde em potinhos bem fechados.

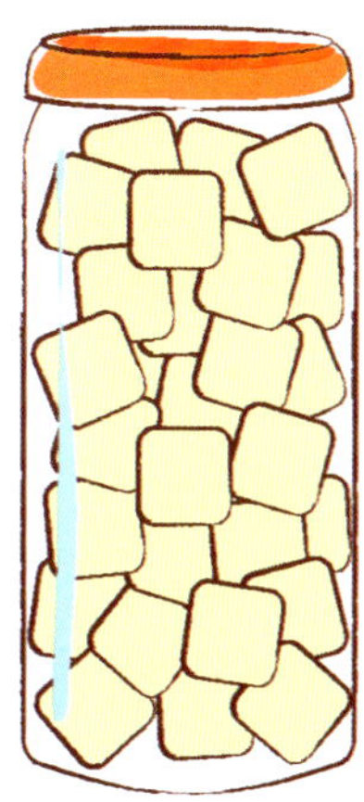

Fondue de queijo diferente

INGREDIENTES:

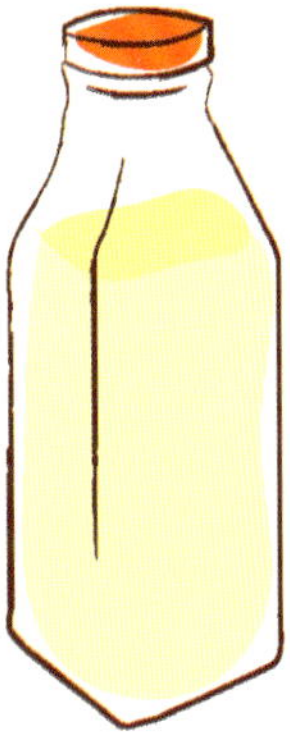

500 ml de leite

1 pacote de sopa creme de queijo

1 colher (sopa) de manteiga ou margarina

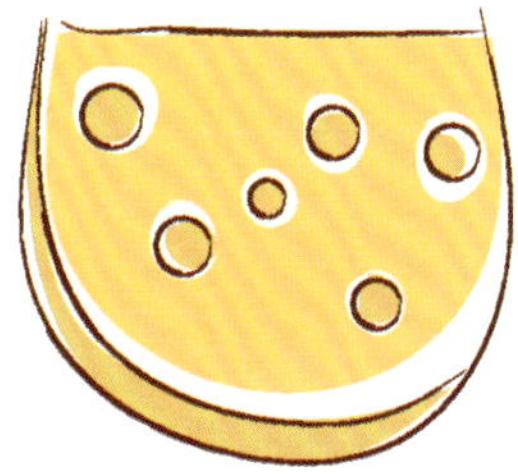

100 g de queijo tipo Emmental

MODO DE PREPARO:

Dissolva a sopa no leite, acrescente a margarina misturando bem e leve ao fogo para aquecer.

Retire do fogo, acrescente o queijo Emmental ralado, mexendo bem para dissolver.

Sirva em seguida com pão italiano cortado em pedaços.
Mantenha o fondue aquecido para não perder a cremosidade.
Dica: experimente esta receita para gratinar legumes e massas, só não esqueça de polvilhar queijo ralado!

Fondue de chocolate

INGREDIENTES:

300 g de chocolate ao leite

100 g de chocolate meio amargo

1 lata de creme de leite

1 colher (chá) de conhaque

MODO DE PREPARO:

Derreta o chocolate em banho-maria ou no micro-ondas por 1 minuto.

Acrescente o restante dos ingredientes, misturando bem.

Sirva com morangos, mexerica, banana, pedacinhos de bolo e bolachas. Mantenha o fondue aquecido para não perder a cremosidade.

Maçã recheada

INGREDIENTES:

Maçã (vermelha ou verde)

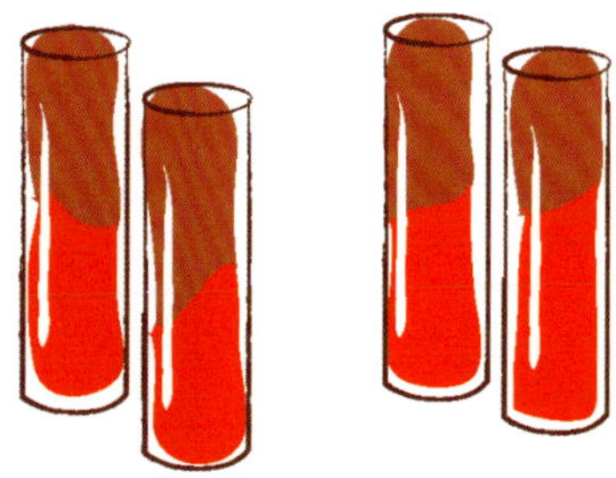

Chocolate em tubinhos (tipo batom)

MODO DE PREPARO:

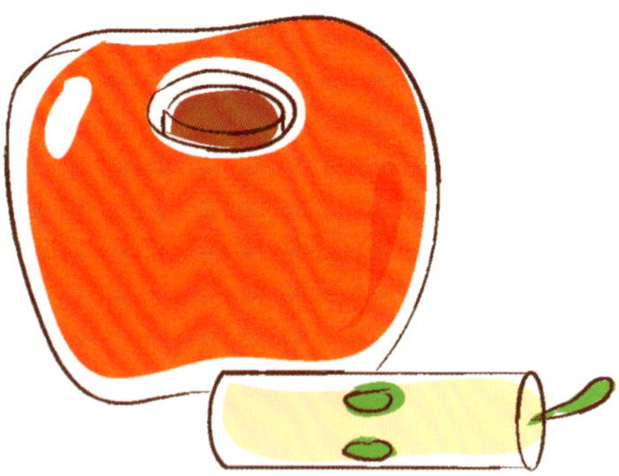

Com o auxílio de uma faca de ponta fina ou de uma colher de café, retire o miolo da maçã e coloque no lugar o chocolate, preenchendo a cavidade.

Leve ao micro-ondas por 1 minuto.

Sirva quente acompanhada de uma bola de sorvete.

9

SUCOS NATURAIS DE VERÃO

Os sucos devem ser preparados e consumidos em seguida, assim não perdem o valor nutritivo. Você pode substituir o açúcar por adoçante.

Mix de Cascas de Frutas

INGREDIENTES:

2 xícaras (chá) de cascas de frutas (sortidas ou de um tipo só)

500 ml de água gelada

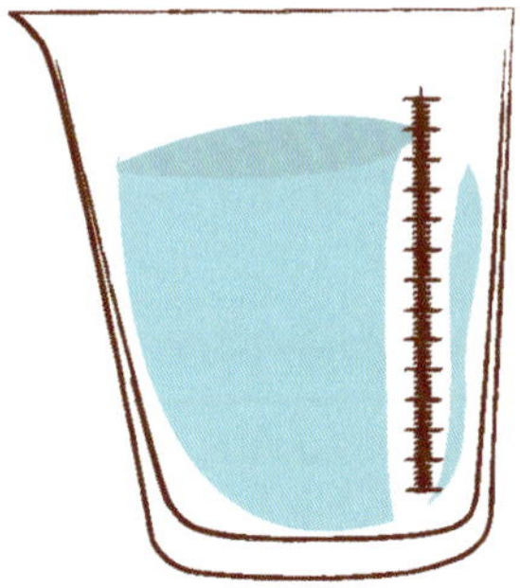

2 colheres (sopa) de açúcar

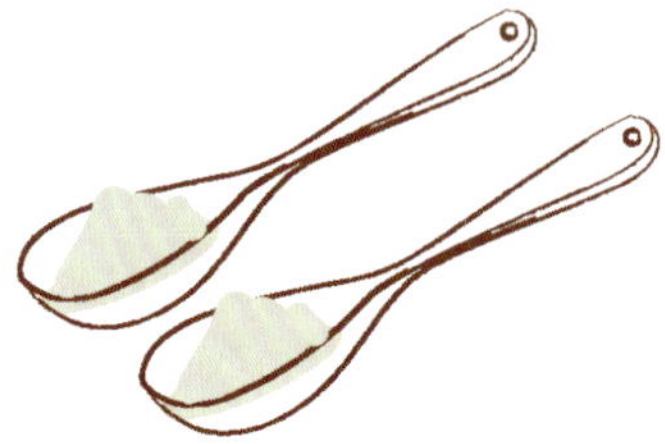

Cubos de gelo

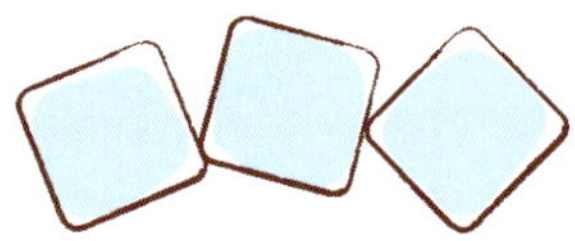

MODO DE PREPARO:

Bater no liquidificador todos os ingredientes, com exceção do gelo. Em seguida, passar o suco pela peneira, bater novamente com os cubos de gelo e servir.

Limonada Suíça

INGREDIENTES:

2 limões cortados em 4 partes, sem sementes

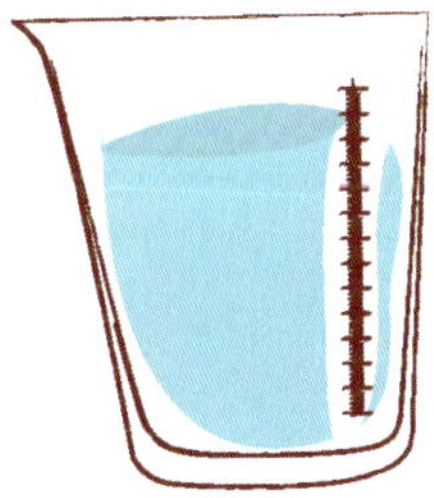

250 ml de água gelada

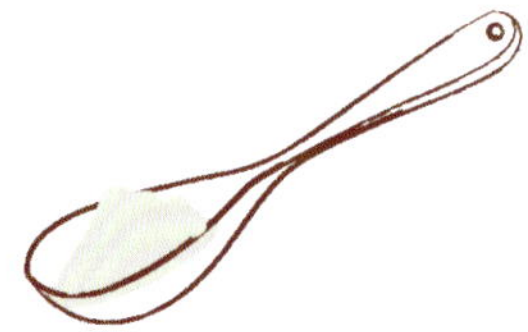

1 colher (sopa) de açúcar

Cubos de gelo

MODO DE PREPARO:

Bater no liquidificador todos os ingredientes, peneirar e servir em seguida.

Suco Relaxante

INGREDIENTES:

100 ml de chá de erva cidreira

1 maçã vermelha picada (com casca)

150 ml de suco de maracujá concentrado

1 colher (sopa) de mel

1 folha de alface

MODO DE PREPARO:

Bater no liquidificador todos os ingredientes e servir bem gelado.

Energético Vermelho

INGREDIENTES:

100 ml de suco concentrado de uva

1 beterraba crua ralada

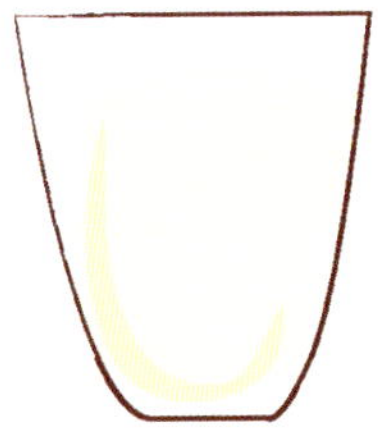

100 ml de água de coco

Polpa de açaí

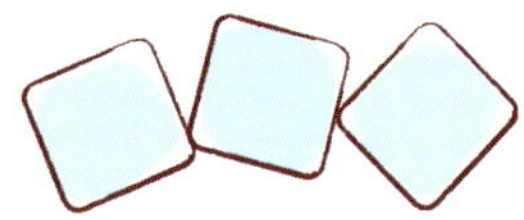

Cubos de gelo

MODO DE PREPARO:

Bater todos os ingredientes no liquidificador e servir em seguida.

Suco Refrescante

INGREDIENTES:

1 xícara (chá) de abacaxi picado

1 colher (sopa) de gengibre picado

2 xícaras (chá) de melão picado (com as sementes)

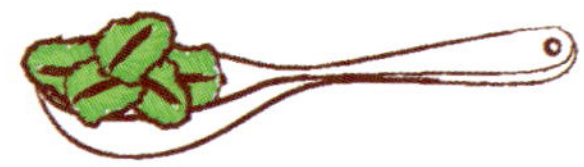

1 colher (sopa) de folhas de hortelã

Cubos de gelo

MODO DE PREPARO:

Bater todos os ingredientes no liquidificador e servir bem gelado.

Energético Laranja

INGREDIENTES:

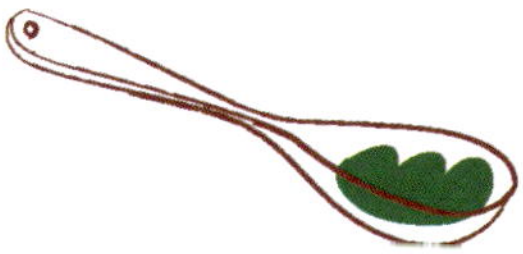

1 colher (sopa) de salsinha

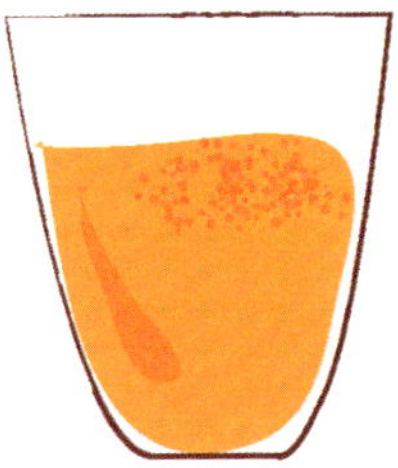

100 ml de suco de laranja

1/2 xícara (chá) de cenoura ralada

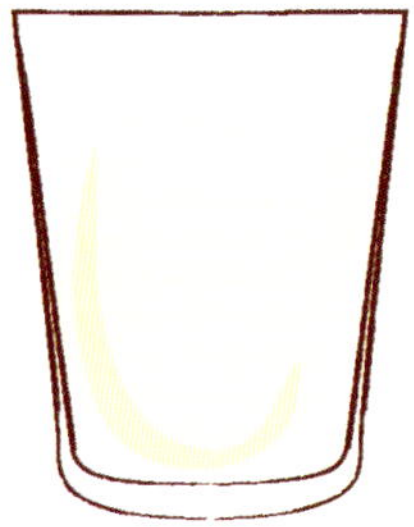

100 ml de água de coco

1 pedaço de gengibre

Polpa de acerola

Cubos de gelo

MODO DE PREPARO:

Bater no liquidificador todos os ingredientes e servir em seguida.

Suco Bronzeador

INGREDIENTES:

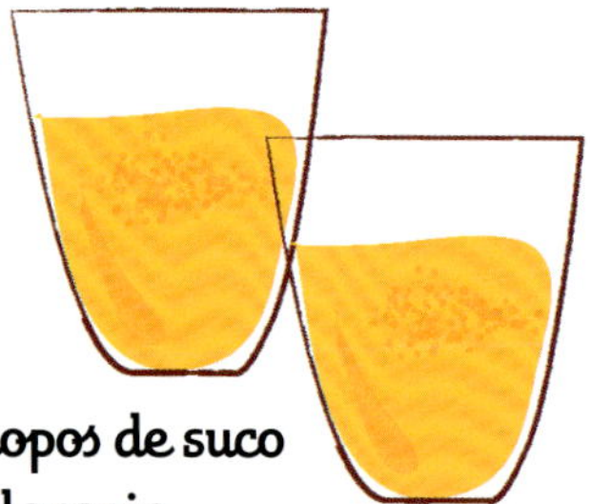

2 copos de suco de laranja

1 cenoura ralada

1/2 beterraba ralada

1 colher (sopa) de linhaça

MODO DE PREPARO:

Bater todos os ingredientes no liquidificador e servir em seguida.

10

FEITO EM CASA

Alternativas saudáveis aos produtos industrializados

Faça um excelente vinagre com o resto do vinho

1. Junte as sobras de vinho branco ou tinto em uma garrafa.

2. Coloque dentro folhas de manjericão, alecrim, tomilho, orégano e louro, além de uma pimenta vermelha.

3. Tampe a garrafa, coloque na geladeira e deixe curtir durante 5 dias.

4. Utilize a mistura para temperar carnes ou em um molho especial para salada.

Faça um café cremoso sem máquina

Incremente o seu cafezinho do dia a dia!

INGREDIENTES:

200 g de leite em pó

50 g de café solúvel

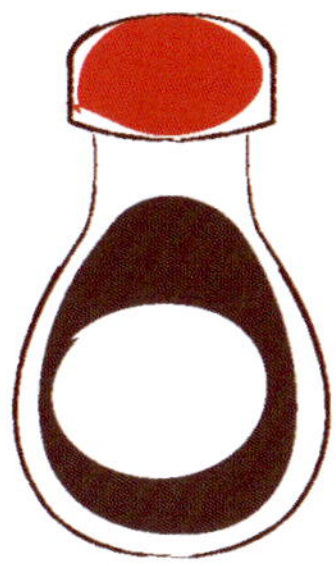

1 colher (sopa) de bicarbonato de sódio

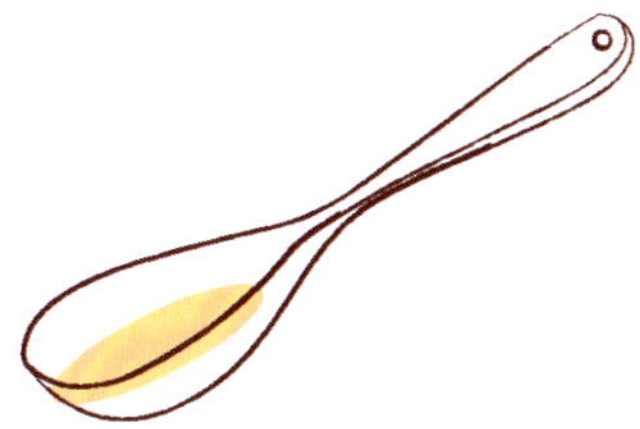

MODO DE PREPARO:

Adicione 2 colheres de chá desta mistura no café preparado.

O café ficará cremoso e muito saboroso.

Guarde o restante da mistura em um recipiente bem fechado e utilize sempre que quiser.

Como fazer um delicioso ketchup caseiro

Para variar, em vez de comprar um ketchup industrializado no supermercado, faça o seu próprio molho em casa.

Em um recipiente misture:

1 xícara (chá) de polpa de tomate

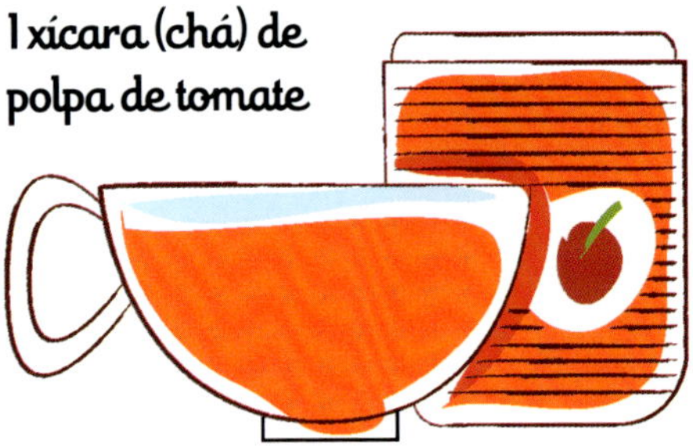

1/2 xícara (chá) de açúcar

1 colher (sobremesa) de tempero seco, comprado pronto

2 colheres (sopa) de vinagre

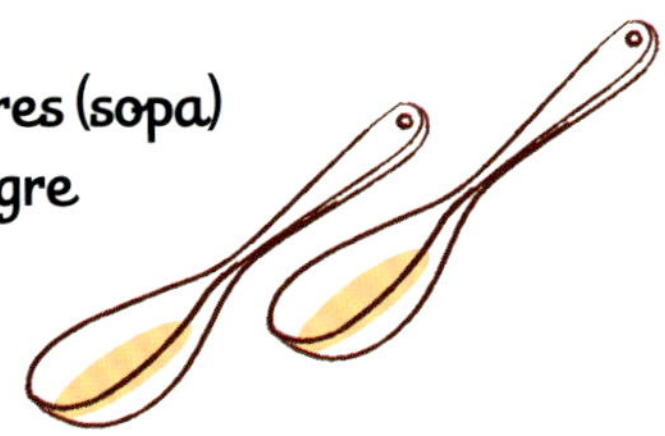

Refrigerante caseiro com vitaminas

INGREDIENTES:

30 g de suco de laranja em pó

Suco de 1 cenoura (coado)

Suco de 1 limão

1 litro de água com gás (gelada)

MODO DE PREPARO:

Bata os três sucos no liquidificador e, em seguida, coloque 100 ml da água e bata mais um pouco.

Depois guarde em uma garrafa com tampa (para não perder o gás) junto com o restante da água.

Protetor labial

Ótimo para evitar o ressecamento dos lábios, especialmente nos dias frios e secos.

INGREDIENTES:

50 g de manteiga de karitê

50 g de manteiga de cacau

1 colher (sopa) de óleo de amêndoa doce

1 (colher) sopa de mel

1 colher (café) de essência baunilha (usada na culinária)

1 ampola de vitamina E (comprar na farmácia)

Dica: você pode substituir a essência de baunilha por outra de sua preferência.

1 Leve ao fogo baixo a manteiga de karitê e a de cacau, mexendo para dissolver bem.

2 Acrescente o óleo de amêndoa e o mel.

3 Retire do fogo, coloque a vitamina E e a essência.

4 Guarde em pequenos potinhos.

11

VIDA PRÁTICA

Com essas dicas, vai ser fácil deixar sua casa bonita e arrumada!

Aproveitando sobras

Sabonete líquido de micro-ondas

250 g de sobras de sabonetes

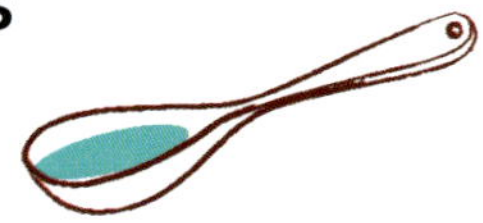

1 colher (sopa) de corante (opcional)

1 colher (sopa) de glicerina líquida

500 ml de água

2 colheres (sopa) de essência (opcional)

1. Coloque em um refratário o sabonete e a água e leve ao micro-ondas na potência alta por aproximadamente 2 minutos para dissolver.

2. Misture bem a glicerina e acrescente o corante e a essência.

3. Depois de frio coloque em recipientes próprios.

Aumente a vida útil de suas flores

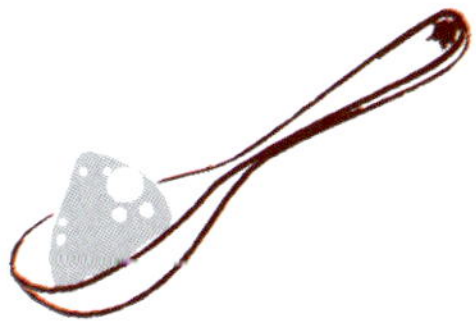

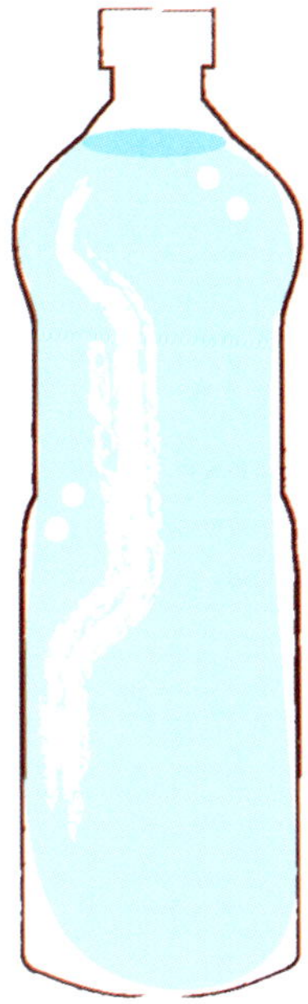

1 Coloque nos vasos água gelada e bicarbonato de sódio (na proporção de 2 litros de água para 1 colher de café de bicarbonato).

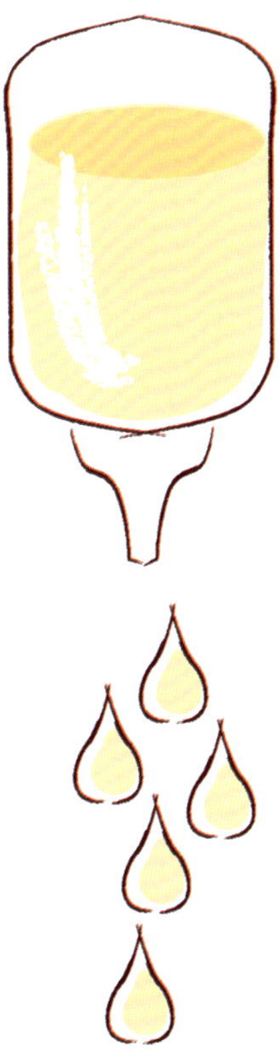

2 Acrescente ainda 5 gotas de água sanitária ou amoníaco (para eliminar fungos).

3 E troque a água do vaso de 2 em 2 dias.

Mude a cor das flores

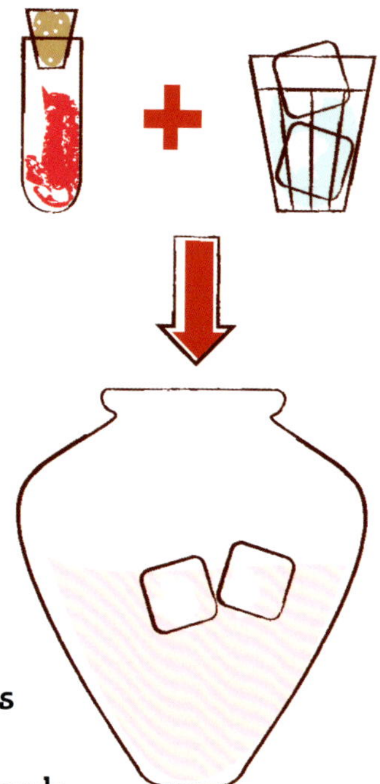

1 Para que as flores absorvam com mais facilidade e rapidez a cor, deixe-as fora do vaso por mais ou menos 4 horas.

2 Misture anilina especial para flores ou a comestível (a quantidade é de acordo com o tom desejado) em água gelada e coloque no vaso.

3 Depois corte o caule das flores na transversal e, em seguida, coloque-as de volta na água.

Se você quer ou tem necessidade de mudar imediatamente a cor das flores, compre nas lojas especializadas um spray que pode ser aplicado sem danificá-las. O resultado é rápido e há várias opções de cores, inclusive dourado e prata.

Brilho na folhagem

1 Para deixar a folhagem mais bonita, use uma esponja bem macia com maionese e passe delicadamente nas folhas.

2 Logo depois, passe uma flanela seca ou pano macio.

3 A maionese hidrata e forma uma película dificultando que a poeira grude.

Atenção: não utilize este processo quando a folhagem estiver exposta ao sol.

Lavando roupas na máquina

1 Conheça bem as funções e recursos de suas máquinas de lavar e secar.

Deixe uma cópia do manual na lavanderia: que tal colada internamente na porta de um armário?

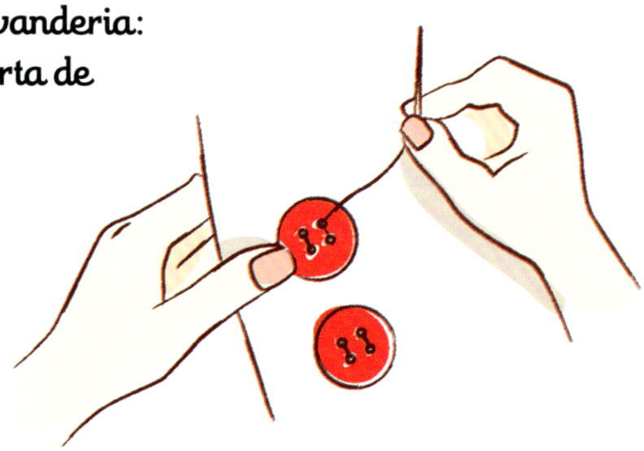

2 Só lave as roupas em perfeitas condições de uso. Se necessário, faça pequenos consertos antes de lavar. Tenha na lavanderia uma caixa de costura com linhas (cores básicas), tesoura e agulha.

3 Não deixe faltar os seguintes produtos:

- sabão em pó (ou líquido)
- alvejantes próprios para roupas
- sabão em pedra (neutro ou de coco)
- amaciante

4 Não misture roupas coloridas com as brancas.

5 Só use água quente na máquina de lavar em roupas muito sujas.

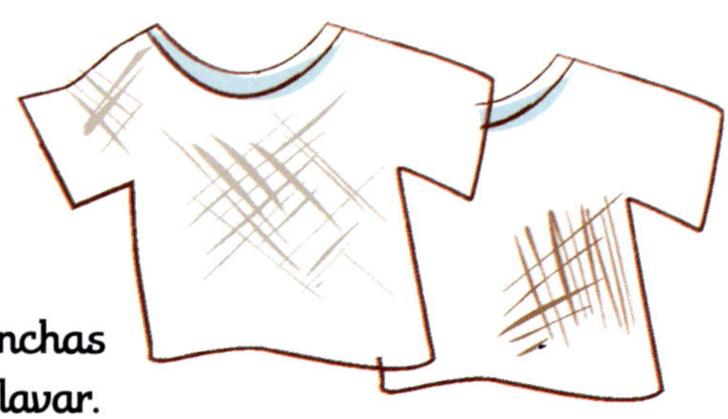

6 Sempre retire as manchas das roupas antes de lavar.

Use sabão em pedra para o espelho não embaçar

O vapor do chuveiro quente deixa o espelho do banheiro embaçado, mas você pode evitar isso usando sabão em pedra seco.

1 Passe o sabão sobre o espelho.

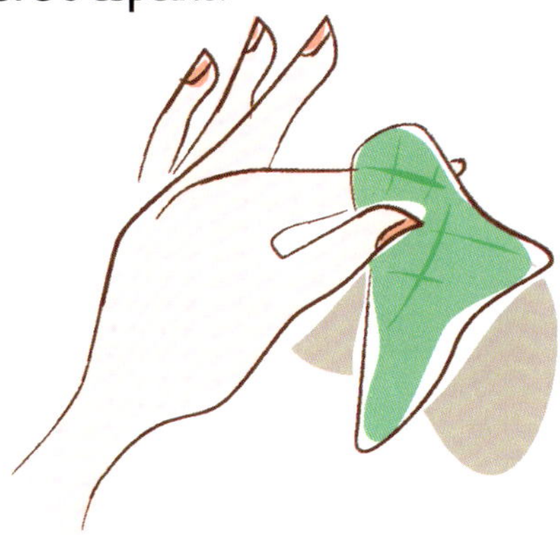

2 Depois limpe com um pano seco e macio.

3 O espelho não irá embaçar e você poderá fazer a maquiagem tranquilamente.

Dica: esse truque irá durar aproximadamente 7 dias, dependendo do uso. Depois é preciso repetir o método para ter o mesmo resultado.

Pendure facilmente roupas de seda e malhas

As blusas de linha ou seda, com grandes decotes ou com pouco ombro, dificilmente param em cabides.

Para que elas não caiam, coloque um elástico em cada extremidade do cabide.

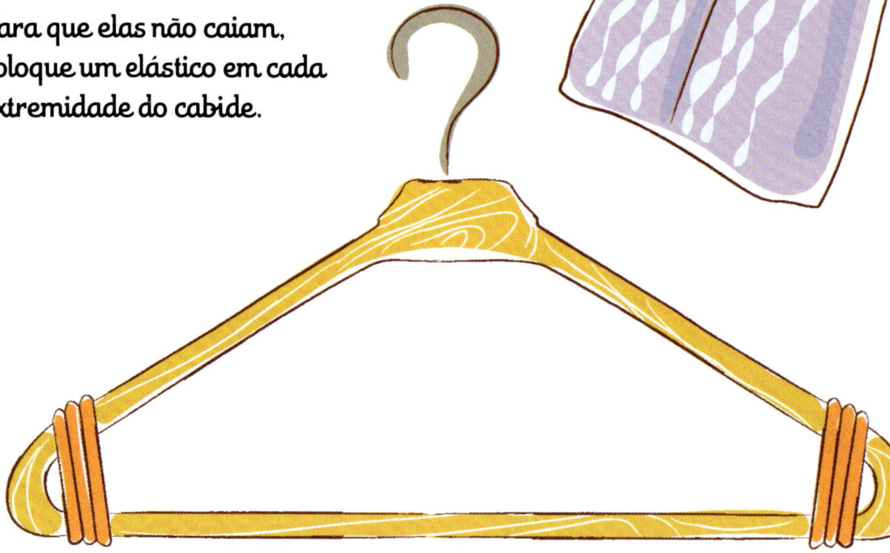

Assim, você conseguirá pendurá-las facilmente.

Ajuste punhos de blusas de lã com secador

Com o uso contínuo, as blusas de lã, linho, acrílico e algodão laceiam muito, perdendo totalmente as características da malha.

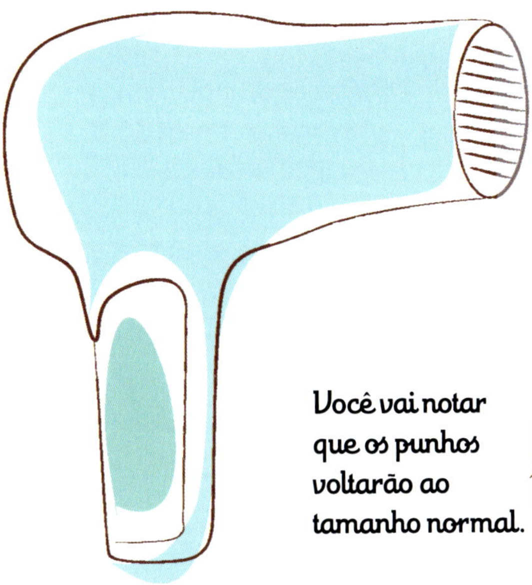

Mergulhe os punhos da blusa em água quente e seque com o secador de cabelo, com o ar bem quente.

Você vai notar que os punhos voltarão ao tamanho normal.

Sua blusa de lã encolheu?

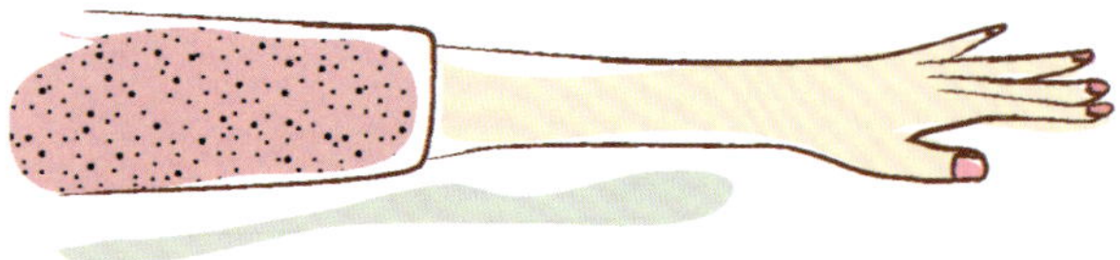

Se você lavou uma peça de lã, linha ou acrílico e ela encolheu, não se preocupe.

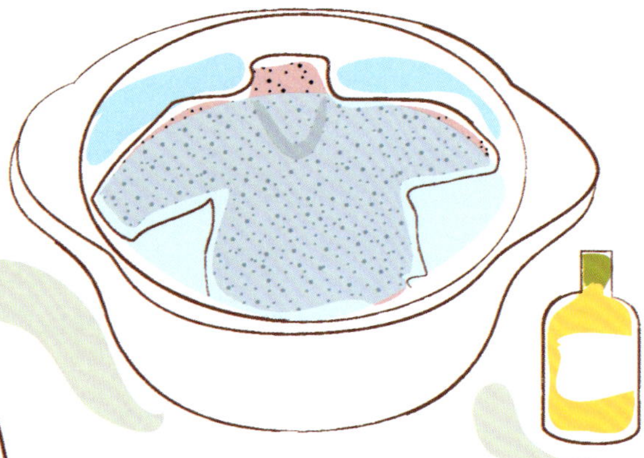

Deixe-a de molho em um recipiente com água e xampu de cabelo.

Ela voltará ao tamanho normal.

Como retirar etiquetas e adesivos

É comum você comprar sapatos e não conseguir retirar a etiqueta da sola, e isso acontece também com louças, plásticos, vidros e até cristais.

1 Umedeça a etiqueta com vinagre branco puro.

2 Após alguns minutos, raspe-a com um cartão de crédito vencido ou com um cartão de plástico.

3 A etiqueta soltará facilmente sem danificar o produto.

Tire chiclete de roupas

Se grudar chiclete em suas roupas, não tente retirar com faca, tesoura e outros utensílios.

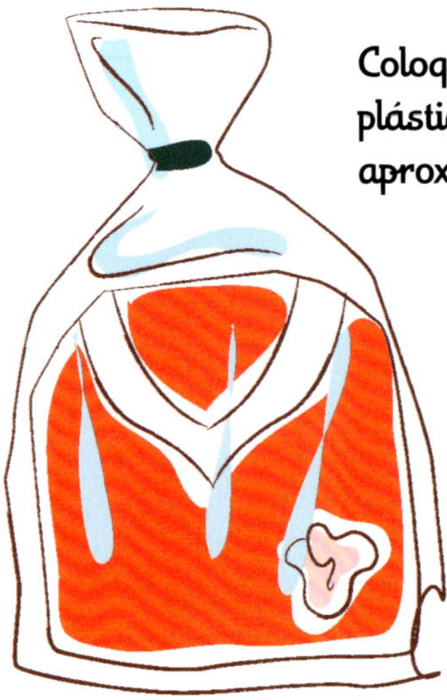

Coloque a peça em um saco plástico e leve ao freezer por aproximadamente 1h.

Assim o chiclete irá congelar, ficar sólido e você poderá removê-lo facilmente.

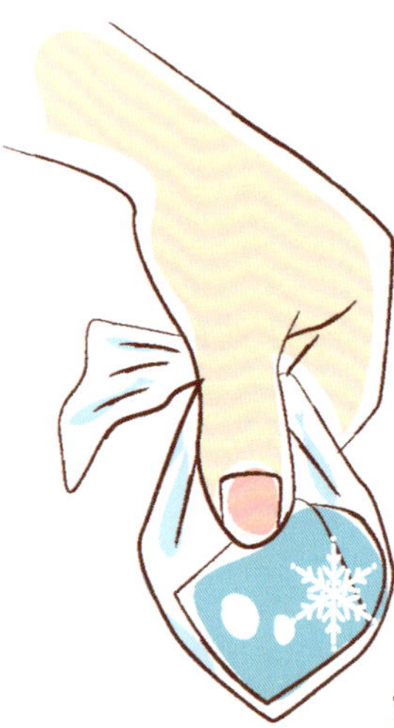

Dica: você pode colocar também uma pedra de gelo sobre o chiclete, envolvida em um plástico para não molhar a roupa, por alguns minutos.

Afastando insetos

Coloque dentro de
1 litro de álcool
3 canelas em pau e
6 cravos-da-índia.

Deixe a garrafa
fechada durante 3 dias.

Utilize o líquido na limpeza do piso,
da pia ou coloque no borrifador.

Você vai notar que o produto afasta os
insetos e deixa um cheiro agradável.

Consertando buracos errados na parede

Preencha pequenos buracos na parede com creme dental branco.

Nivele bem e deixe secar.

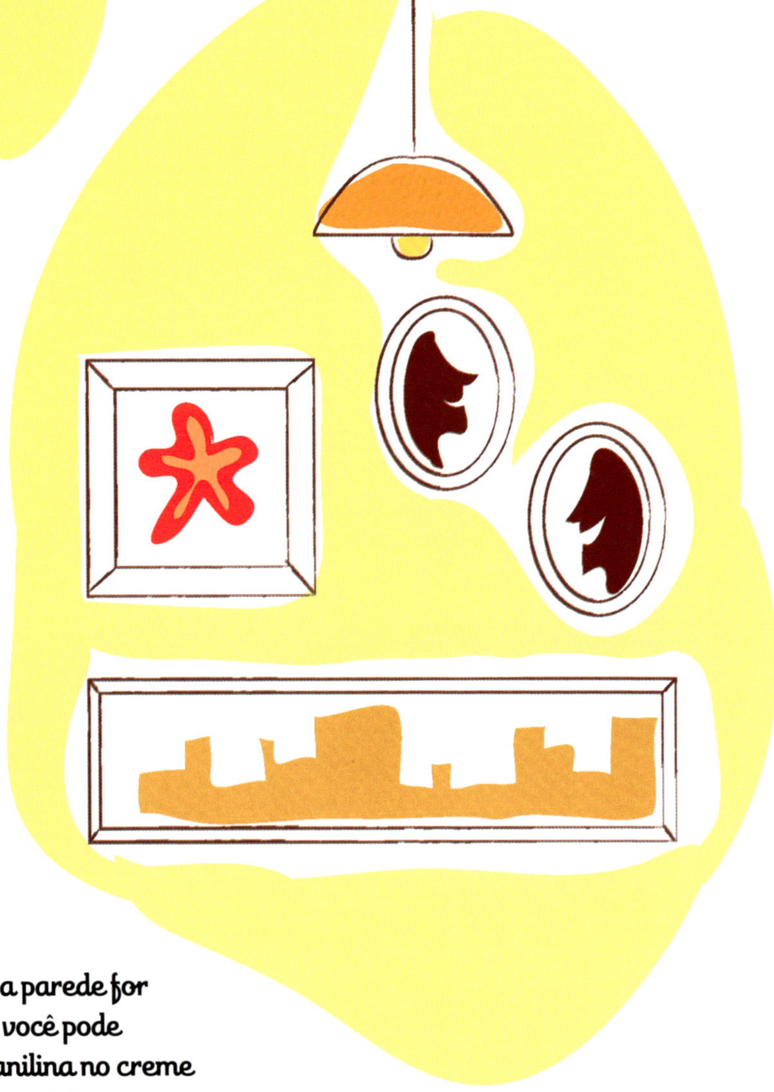

Dica: se a parede for colorida você pode colocar anilina no creme dental para deixar na tonalidade desejada.

Tire os fiapos das roupas pretas com esponja

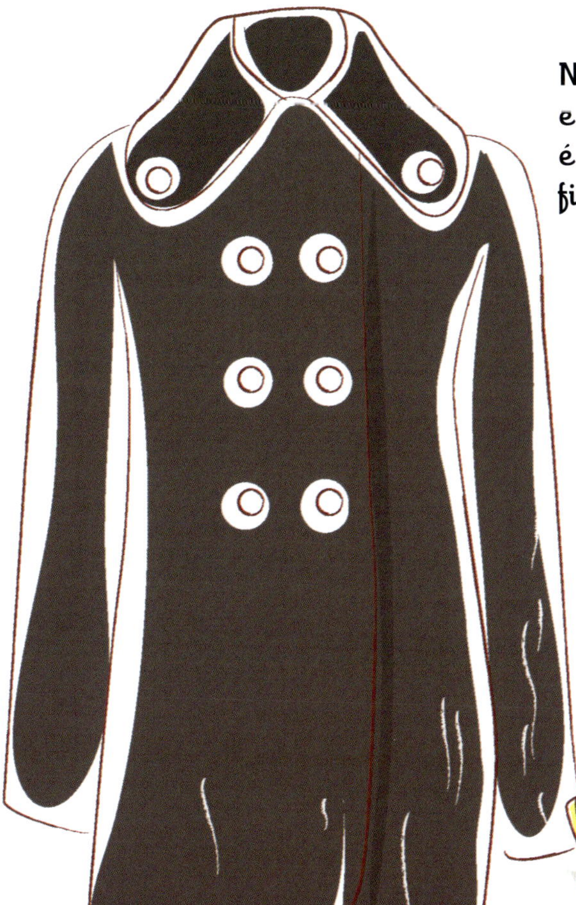

Nos casacos, ternos, blusas e camisas de cor escura é comum encontrarmos fiapos de cor clara.

Para solucionar este problema, utilize o lado macio de uma esponja nova de lavar louça.

Passe a esponja nas roupas escuras e os fios ficarão presos nela.

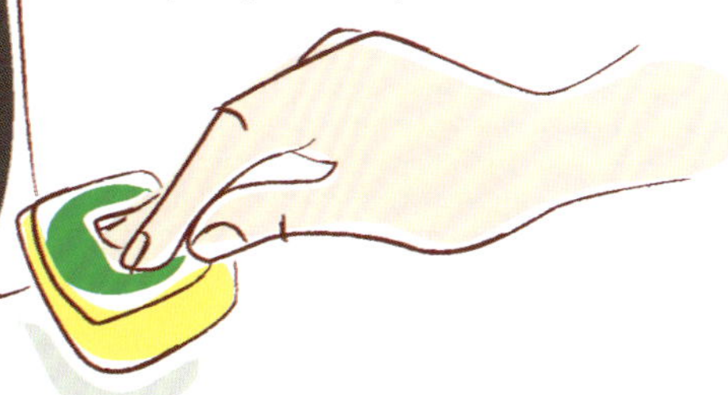

E não se esqueça de limpar a esponja antes de utilizá-la novamente.

Dica: deixe a esponja na lavanderia e a use antes de passar as roupas.

Retire nós de cadarços de tênis

Em nós difíceis de desatar, principalmente os de tênis de crianças e adolescentes, coloque um pouco de amido de milho em cima deles.

Os nós irão se desfazer facilmente.

Use o produto também em cordões de bermudas ou calças de moletom.

Seu zíper emperrou?

Está difícil abrir ou fechar um zíper?

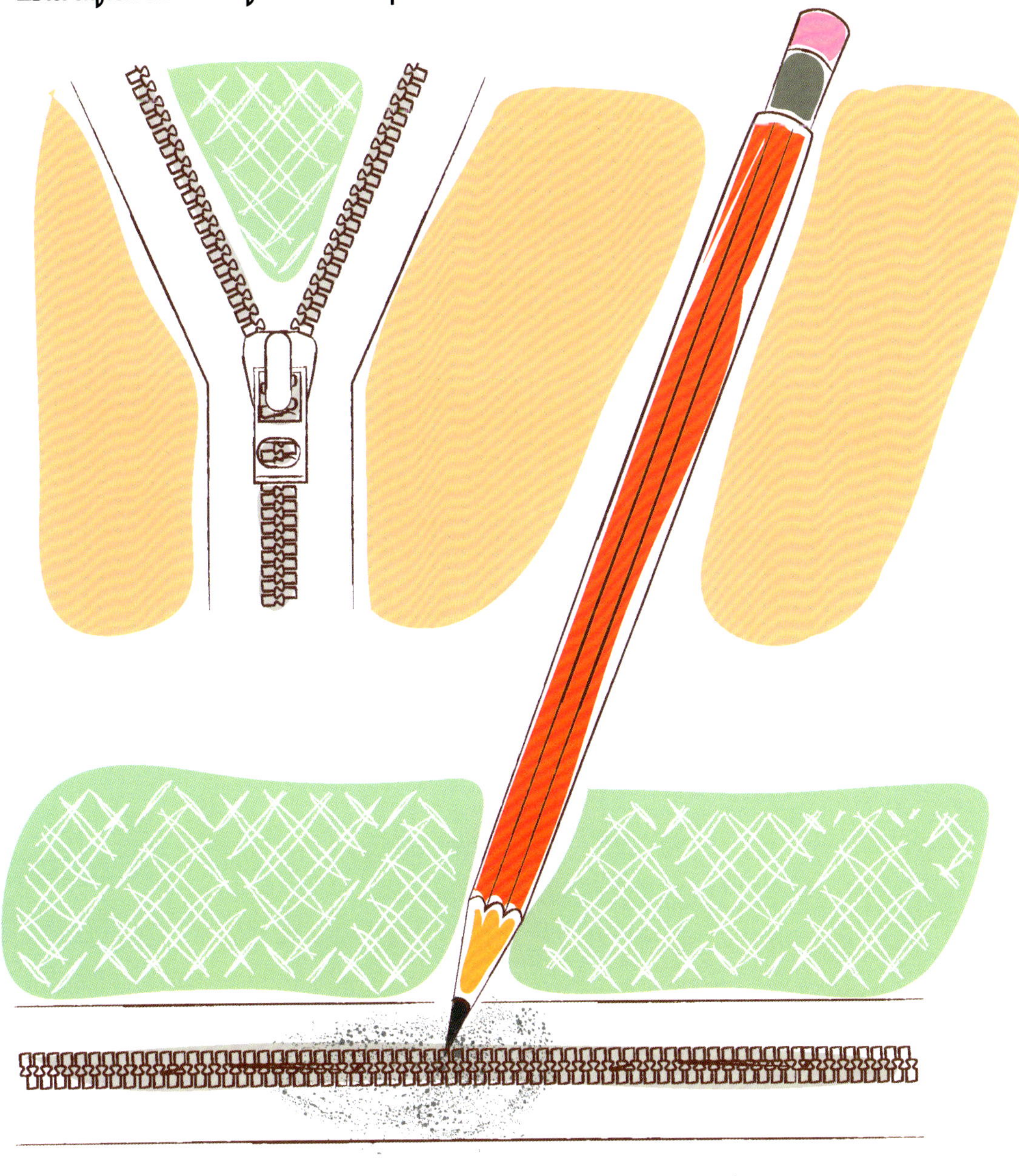

Passe grafite (de lápis) em toda a extensão do zíper que ele irá deslizar facilmente.

Evite que o esmalte manche a sua cutícula

Se você faz suas unhas em casa, facilite a limpeza das cutículas aplicando vaselina nas laterais das unhas.

Se o esmalte manchar é só passar um palito com algodão.

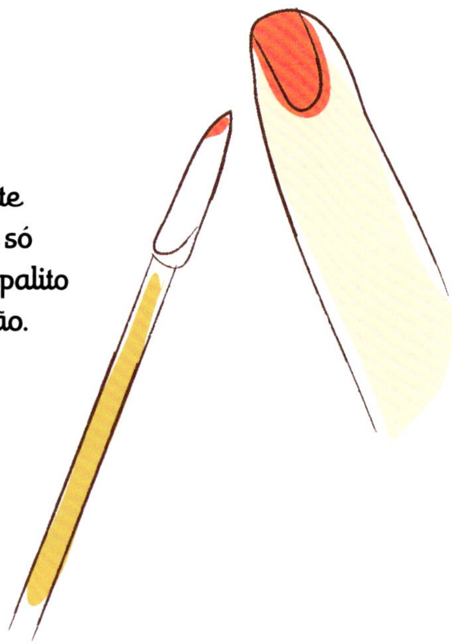

Ideal para esmaltes vermelhos ou escuros, a limpeza é rápida e fácil.

Perdeu as tarraxas de seu brinco?

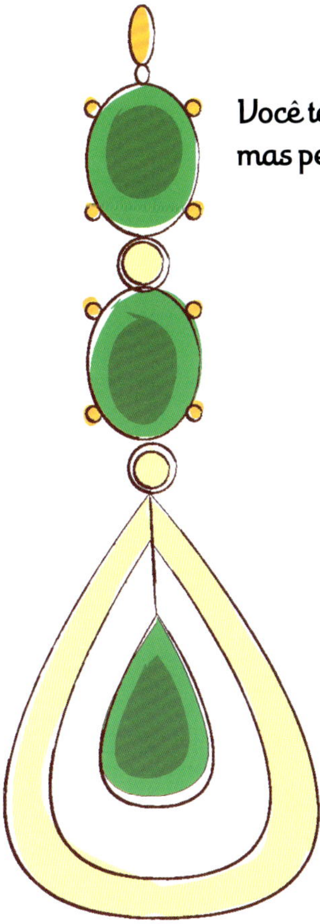

Você tem um brinco que adora, mas perdeu a tarraxa?

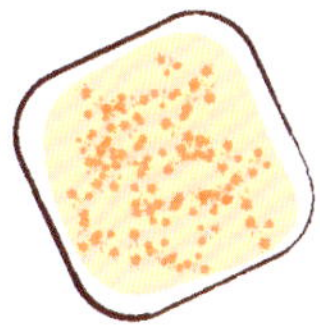

Não tem problema, é só substituir por um pedacinho de borracha.

Corte um pedaço da borracha que fica na parte superior do lápis.

O resultado é excelente e seguro!

Crie uma bolsa térmica com garrafas PET

Para se proteger do frio ou de uma cólica indesejável, não há nada melhor do que uma bolsa térmica.

Se não tiver em casa, faça uma bolsa com uma garrafa limpa de PET.

Encha a garrafa com água aquecida a mais ou menos 70 °C.

Dica: além de afastar o frio, é um excelente massageador para os pés.

Coloque sob os seus pés e role-a de um lado para o outro.

12

REMOVENDO MANCHAS

Agora você não precisa mais se preocupar: tenho dicas infalíveis para vários tipos de mancha!

Acidentes domésticos

Derrubei café na cama e o líquido passou para o colchão. Como limpá-lo?

1 Use um algodão umedecido com glicerina (compre na farmácia), passe sobre a mancha e deixe agir por aproximadamente 15 minutos.

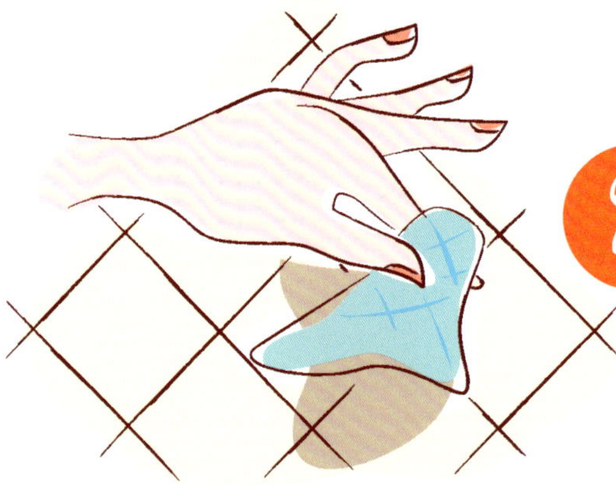

2 Em seguida, lave com um pano úmido e detergente neutro.

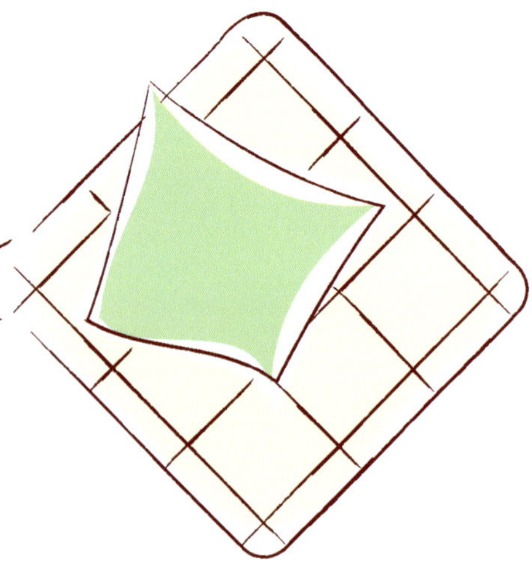

3 Depois, passe um pano seco e deixe secar ao sol ou em um lugar ventilado.

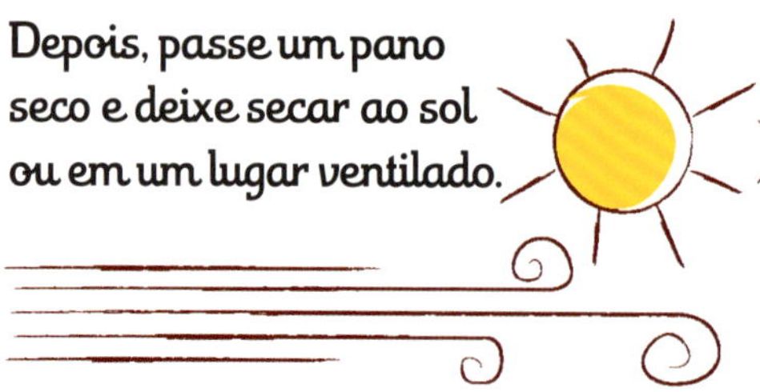

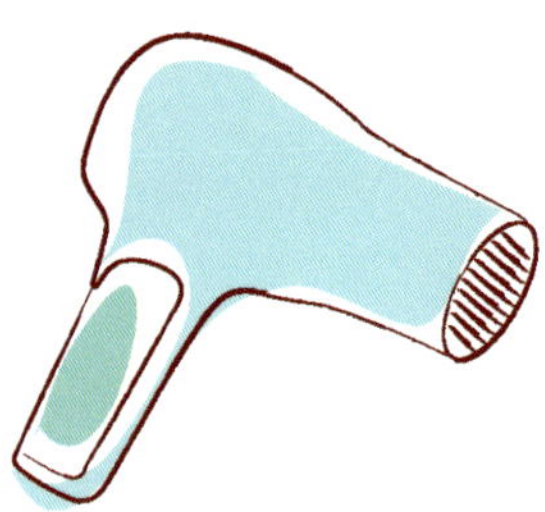

Dica: se quiser acelerar o processo de secagem use um secador de cabelos.

Como eliminar manchas amareladas de desodorante de camisas brancas

Primeiramente substitua a marca do desodorante, isto está ocorrendo porque este desodorante não é compatível ao seu organismo.

1 Prepare uma mistura de:

1 litro de água

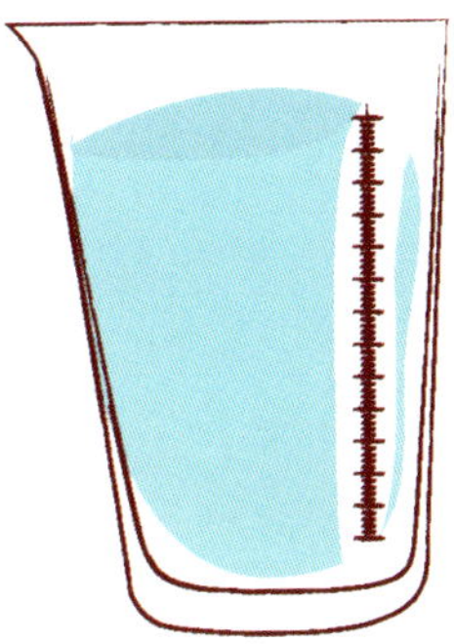

1 colher de sopa de bicarbonato de sódio

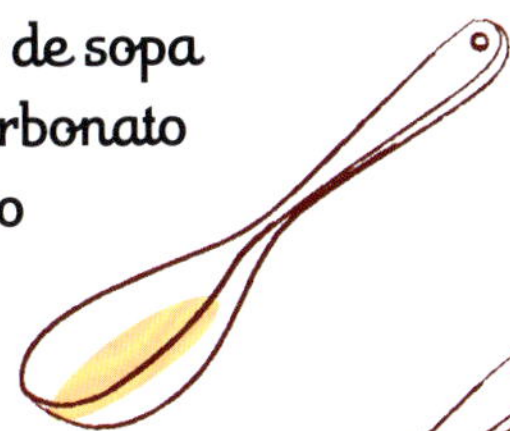

1 colher de sopa de suco de limão

2 Deixe a roupa, principalmente a mancha, nesta mistura por aproximadamente uma hora e, em seguida, enxague bem e lave normalmente.

3 Se a mancha não sair, prepare uma nova mistura:

1 colher de sopa de bicarbonato de sódio

1 colher de sopa de vinagre branco

Aplique apenas na mancha, deixe por 30 minutos e depois lave a peça.

Observação: Se a mancha for muito antiga e a camisa já foi lavada e passada muitas vezes, há o risco da mancha estar fixada ao tecido.

Retire manchas de vinho tinto com vinho branco

Em tapetes, toalhas de mesa, camisas ou tecidos de algodão, manchados com vinho tinto, retire a mancha aplicando vinho branco.

Lave a peça em seguida ou, se for tapete, deixe apenas secar.

Dica: guarde sempre as sobras de vinho branco para usar nas manchas.

Como limpar manchas de ovos

Manchou alguma roupa com a gema do ovo?

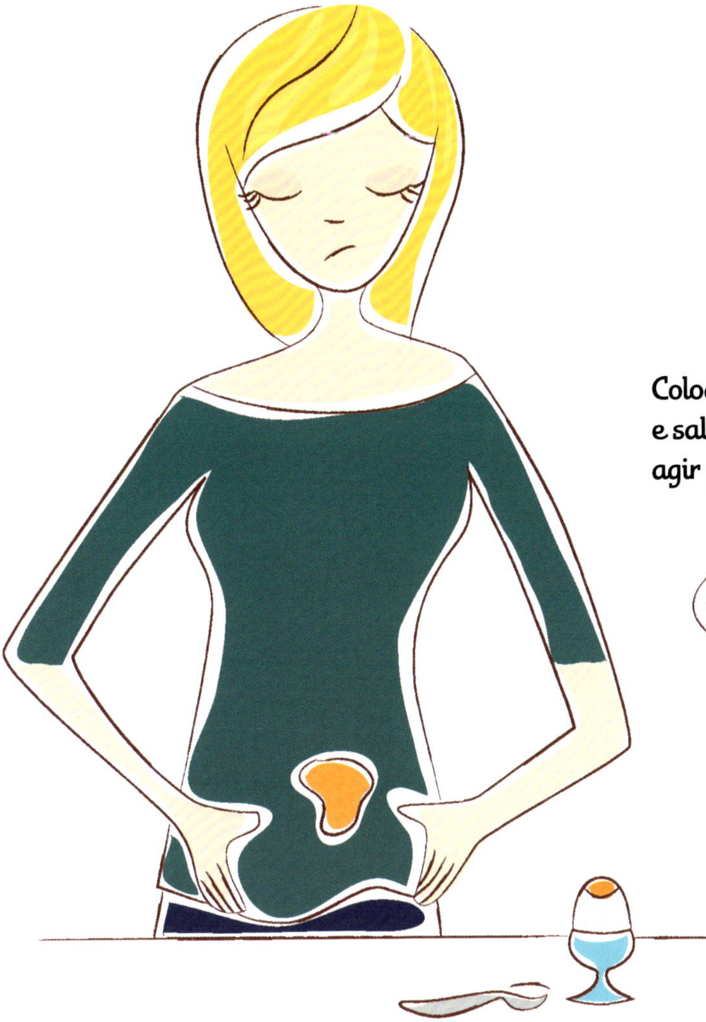

Coloque uma pasta de água e sal sobre a mancha e deixe agir por alguns minutos.

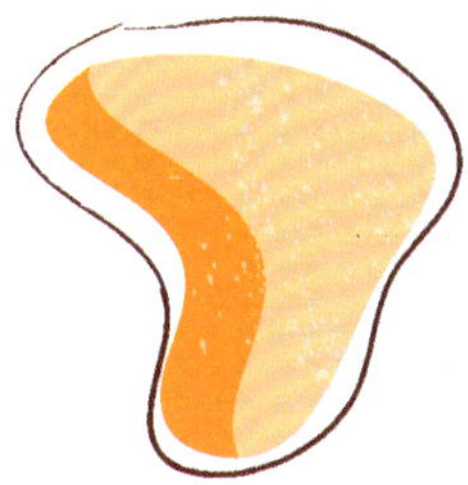

Em seguida, esfregue bem e lave normalmente.

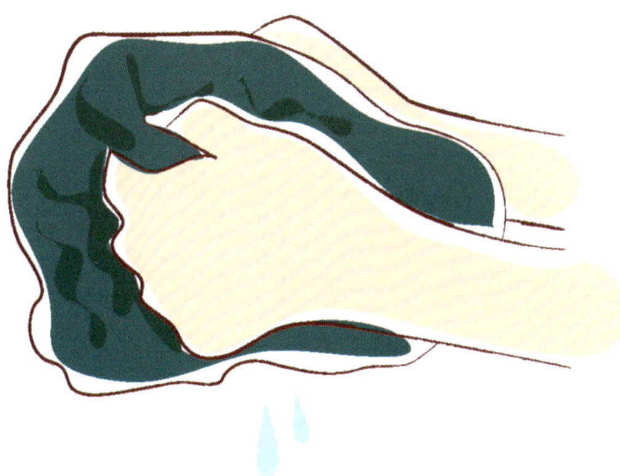

Limpe as manchas dos estofados

Manchas são horríveis, principalmente em sofás de cor clara.

A maneira mais prática de removê-las é utilizando espuma de barbear.

Aplique em uma esponja o produto e passe sobre a mancha.

Dica: serve também para carpetes e tapetes.

Manchas de gordura

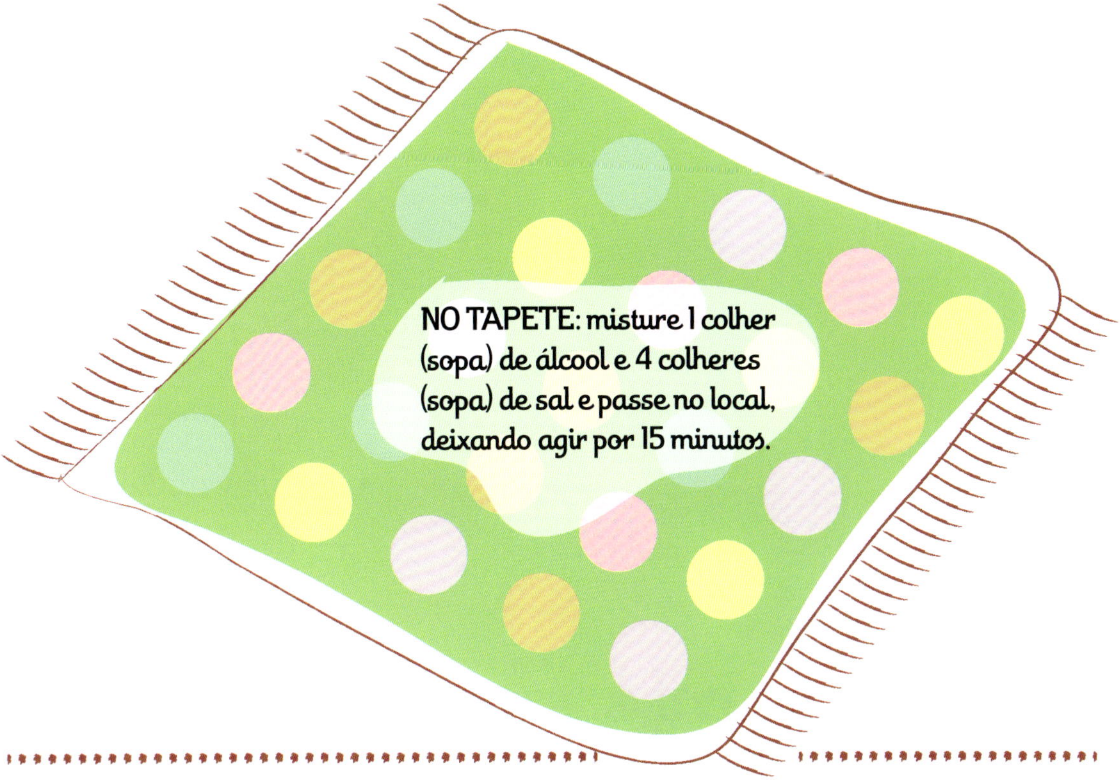

NO TAPETE: misture 1 colher (sopa) de álcool e 4 colheres (sopa) de sal e passe no local, deixando agir por 15 minutos.

NA ROUPA: Espalhe um pouco de amido de milho ou talco no local da mancha. Em seguida, coloque uma folha de papel absorvente na parte inferior e superior da mancha e passe o ferro bem quente.

Manchas de batom

Passe no local da mancha removedor de esmalte, friccionando bem.

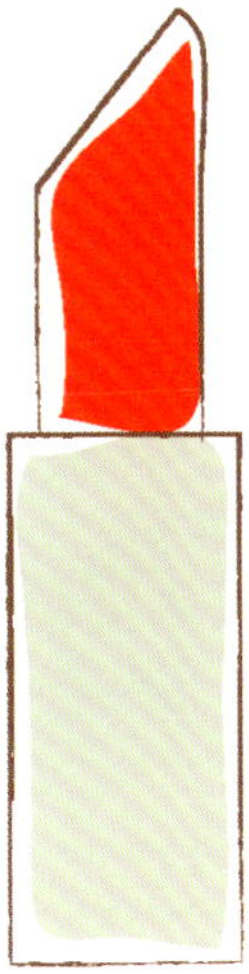

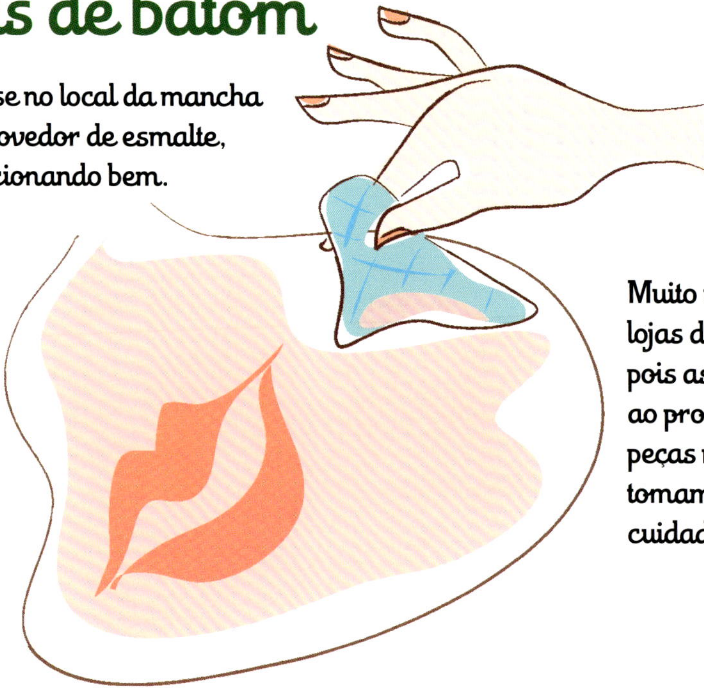

Muito usado em lojas de roupas, pois as clientes ao provarem peças não tomam muito cuidado.

Manchas de café

Passe no local da mancha uma pedra de gelo.

Manchas de mostarda

Coloque detergente neutro incolor em cima da mancha e friccione com uma escovinha.

Manchas de ketchup

Passe vinagre branco com o auxílio de uma escovinha.

Manchas de caneta esferográfica

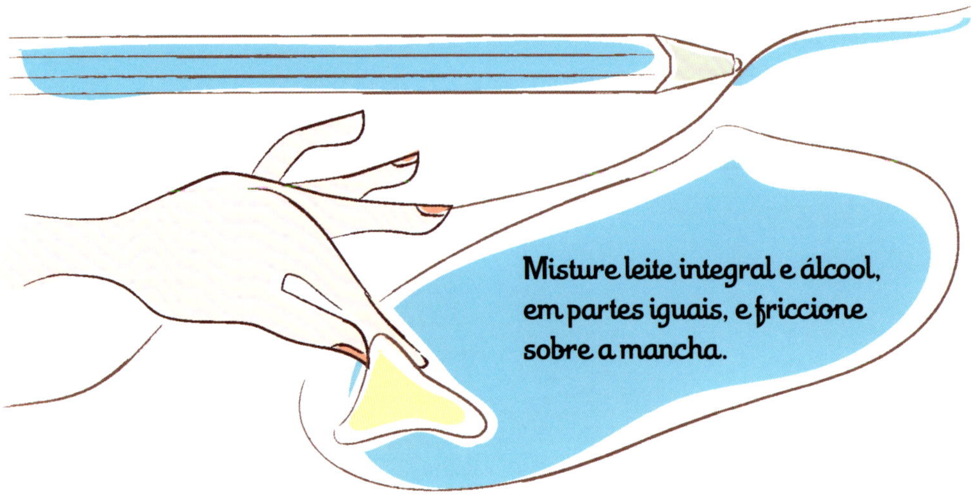

Manchas de frutas frescas

13

MINUTOS DE LIMPEZA

Aplique esses truques e resolva seus problemas com odores e sujeiras facilmente.

Casa impecável

MOFO: como eliminar a umidade do armário que causa um cheiro desagradável e manchas resistentes nas roupas?

1 xícara (chá) de gesso em pó

1/2 xícara (chá) de água

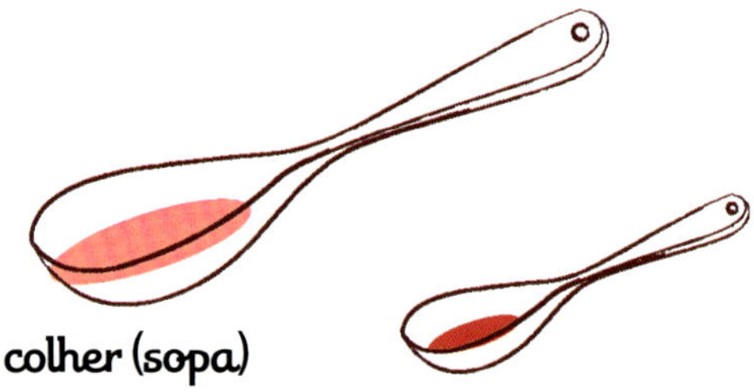

1 colher (sopa) de essência de sua preferência (opcional)

1/2 colher (chá) de corante (opcional)

1. Misture bem todos os ingredientes.

2. Coloque em formas de acetato (do tipo utilizado para fazer bombons).

3. Desenforme quando as pedras estiverem bem secas.

4. Coloque várias pedrinhas dentro do armário, em um recipiente aberto, para que absorvam a umidade.

5. Substitua quando estiverem bem úmidas ou a cada 90 dias.

Desinfete a esponja de lavar louça

Após lavar as louças, a esponja pode ser um foco de bactérias e micro-organismos.

O correto é lavar bem a esponja e levar ainda úmida ao micro-ondas, em cima de um prato de porcelana ou vidro (refratário), por 1 minuto na potência alta.

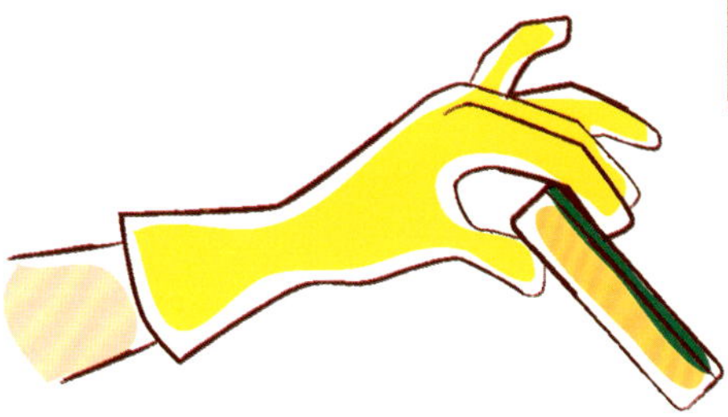

Desta forma, você elimina qualquer odor da esponja, além de acabar com as bactérias.

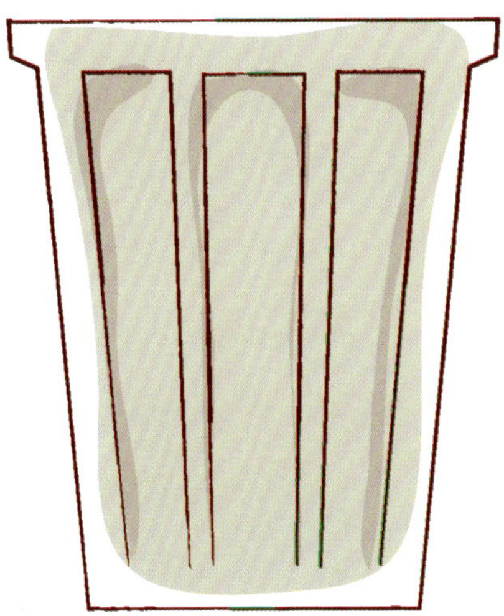

Lembre-se de que a esponja deve ser trocada semanalmente.

Como deixar o ambiente com um odor agradável

Utilize um abajur de luz quente (amarela).

Com o abajur desligado, pulverize uma essência de sua preferência na lâmpada.

Ligue o abajur. Quando a lâmpada aquecer irá exalar um aroma, perfumando todo o ambiente.

Como limpar xixi de cachorro do sofá

Seu cachorrinho fez xixi no sofá, na almofada ou no tapete?

O cheiro irá sair facilmente se você utilizar bicarbonato de sódio em pó.

Aplique o produto e deixe durante 30 minutos.

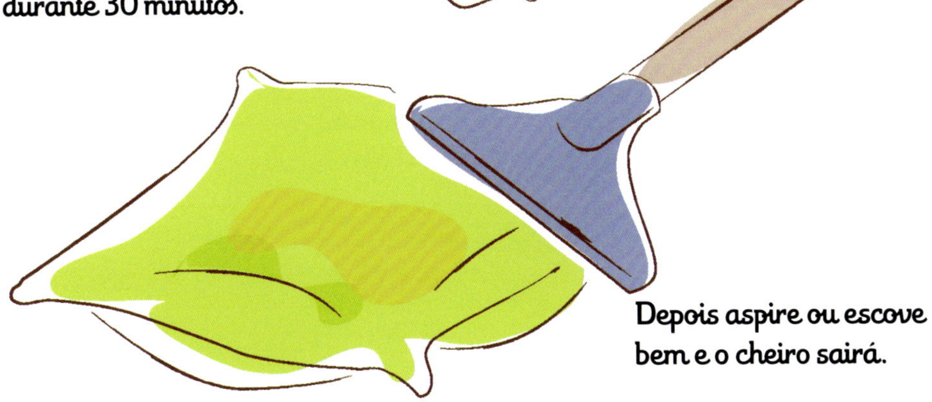

Depois aspire ou escove bem e o cheiro sairá.

Dica: você pode usar também o bicarbonato para eliminar odores em ambientes, utensílios ou até da geladeira. Sempre tenha o produto em casa, pois ele é muito útil; você pode comprar bicarbonato de sódio em supermercados ou farmácias.

Limpe seu computador com vinagre branco

Seu computador ou telefone são muito utilizados? Você percebe que o plástico do teclado está sempre sujo?

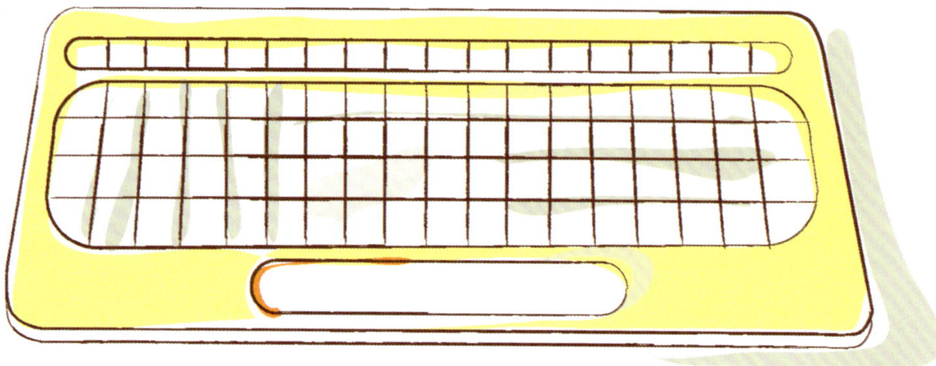

A melhor maneira de limpar esses utensílios é utilizando uma esponja nova umedecida com vinagre.

Passe a esponja sobre o plástico e, em seguida, use um pano para secar.

Dica: você pode usar o vinagre para limpar pisos brancos também, principalmente os antiderrapantes. Mas não aplique o produto sem consultar antes o fabricante do piso.

Limpe as lentes de óculos com vinagre

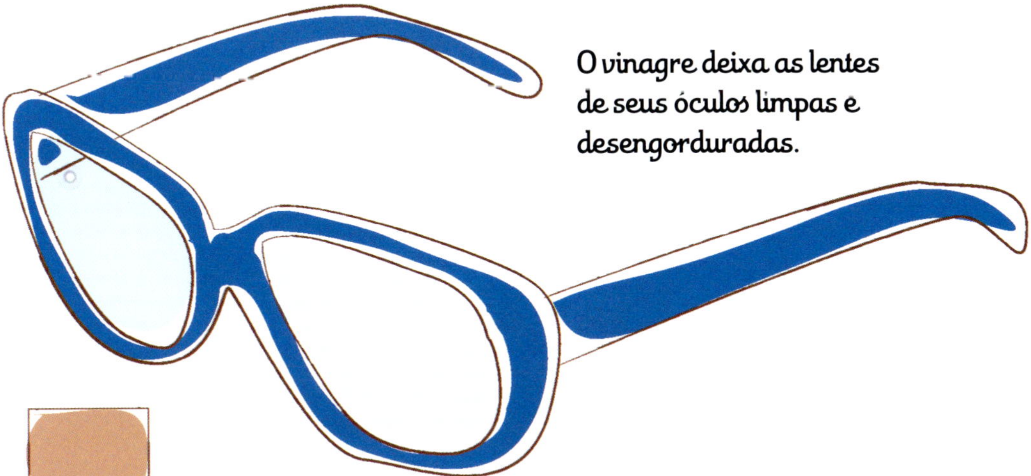

O vinagre deixa as lentes de seus óculos limpas e desengorduradas.

Utilize vinagre branco e seque com papel-toalha.

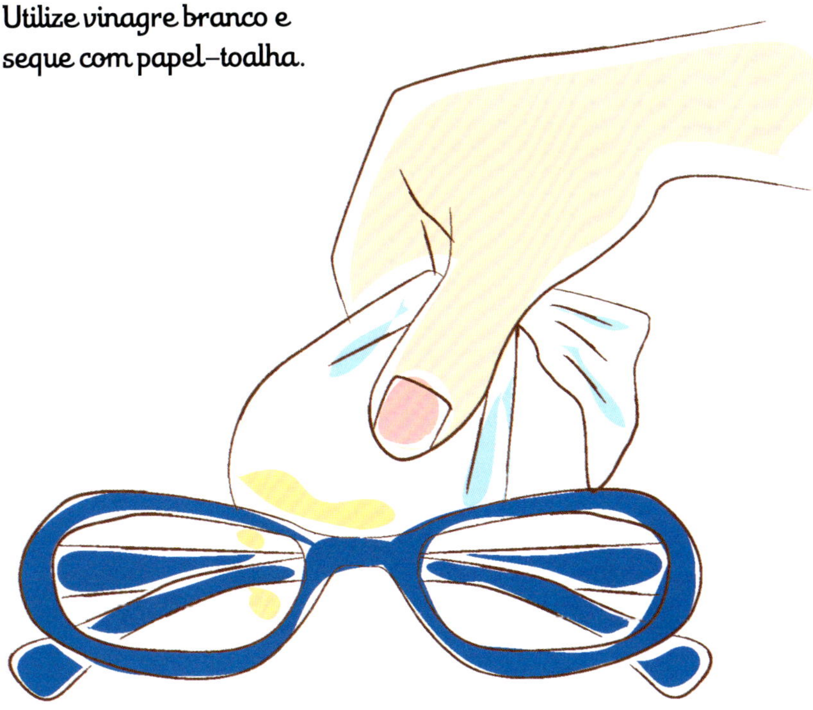

Remova ferrugem de objetos cromados

Utilize refrigerante à base de cola, aplique sobre a ferrugem e friccione bem o local com papel alumínio para tirar a ferrugem.

Remova o mofo da mala

Se suas sacolas, malas e mochilas estiverem mofadas, passe uma esponja umedecida com antisséptico bucal.

Além de remover o mofo, o produto irá deixar um aroma agradável.

Dica: deixe a mala secar ao sol antes de guardá-la novamente.

Pasta para remover graxa das mãos

Coloque em uma panela:

100 g de sabão em pedra ralado

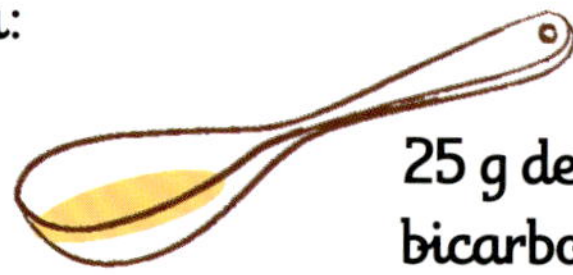

25 g de bicarbonato de sódio

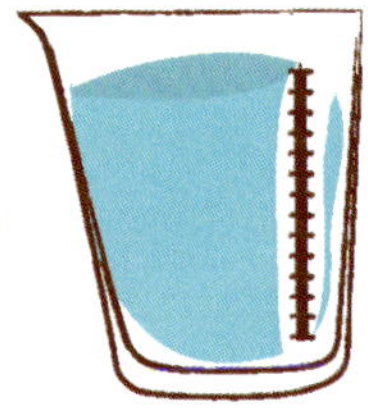

100 ml de água

1 Leve ao fogo para que o sabão derreta.

2 Em seguida, retire do fogo, acrescente 1 kg de areia fina e misture bem.

3 Guarde em potes com tampa e utilize sempre que precisar remover graxa das mãos.

4 Lave as mãos normalmente após usar a pasta.

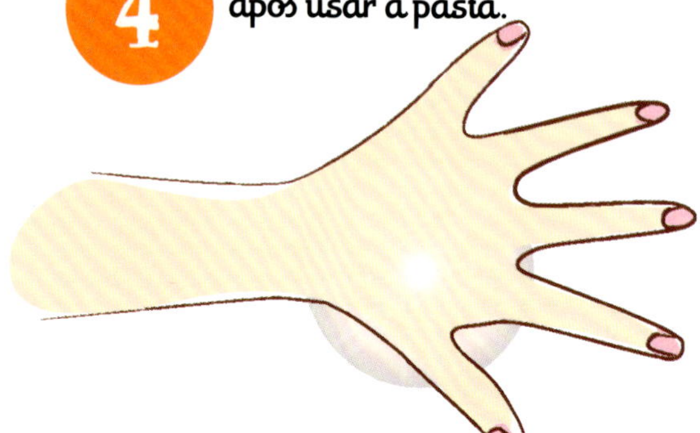

O bicarbonato clareia, o sabão limpa, a areia age como esfoliante e o resultado é maravilhoso!

Elimine o cheiro de seus calçados

Para acabar com o odor, principalmente dos tênis dos adolescentes e de quem pratica esportes, encha uma meia velha com areia higiênica para gatos.

A areia, que tem a capacidade de absorver a umidade e odores, pode ser encontrada em supermercados ou pet-shops.

Quando não estiver usando os calçados, deixe a meia dentro que o popular "chulé" será eliminado.

Repita a operação até que o odor seja 100% eliminado.

O que faço para desencardir meias sujas?

Você tem crianças ou adolescentes que adoram andar de meias pela casa?

Deixe de molho as meias com água bem quente e suco de 1 limão por mais ou menos 2 horas.

Depois, lave-as normalmente.

Além de limpas, ficarão perfumadas.

Dica: andar de meias em casa não é má ideia, porém, dê preferência a meias com pequenos pontos de silicone na sola.

Como desentupir e limpar o ralo da pia

Coloque 2 colheres (sopa) de bicarbonato no ralo da pia

Despeje em seguida 1 copo de água fervente.

O bicarbonato, além de desentupir, higieniza o ralo da pia.

O ideal é fazer este procedimento à noite, após o jantar, quando a pia já não é tão utilizada.

Dica: remova sempre os restos de alimentos das louças, panelas e recipientes para evitar que isto aconteça.

Acabe com a poeira usando meia de seda

Para eliminar a poeira do piso com facilidade, envolva uma vassoura com uma meia de seda e passe no piso empoeirado.

Dica: aproveite as meias finas de seda já usadas e até mesmo as desfiadas. Caso não tenha, compre as mais comuns e baratas. Vale a pena!

Devido a sua eletricidade estática, a poeira adere na meia sem fazer mais pó.

Com a meia de seda, limpe também móveis ou outras superfícies.

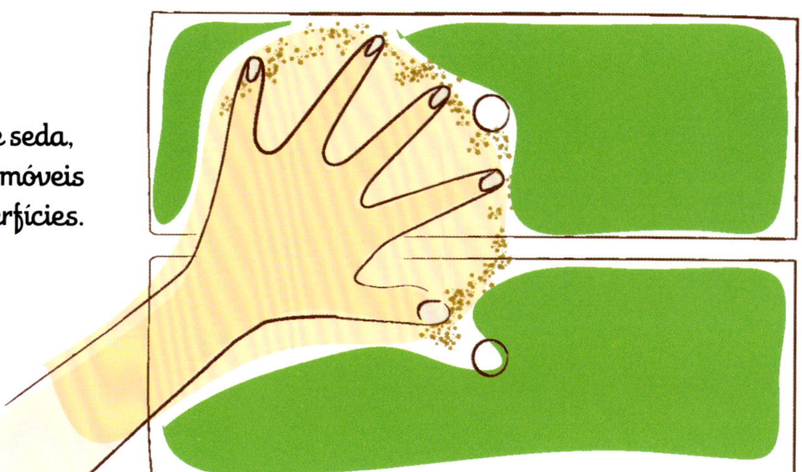

Limpar e desodorizar o micro-ondas

Prepare um suco com 500 ml de água e 1 limão.

Coloque em um refratário e leve ao micro-ondas por 2 minutos, na potência alta.

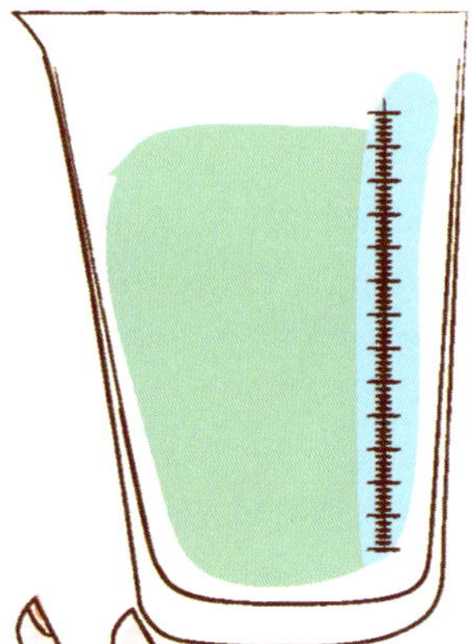

Quando acabar o tempo, deixe o líquido dentro do micro-ondas por mais alguns minutos para que o aroma do suco elimine totalmente o odor.

Em seguida, retire o recipiente e, com um pano macio e bem limpo, seque bem a parte interna do micro-ondas, que vai estar pronto para ser utilizado novamente.

Dica: você pode utilizar também cascas de frutas cítricas, com cravo e canela em pau, misturadas com água.

Tire odores das mãos com pó de café

Ao preparar peixe, camarão ou bacalhau suas mãos ficam com um cheiro muito forte.

Resolva isso lavando as mãos com pó de café (que pode ser usado) e um pouco de água.

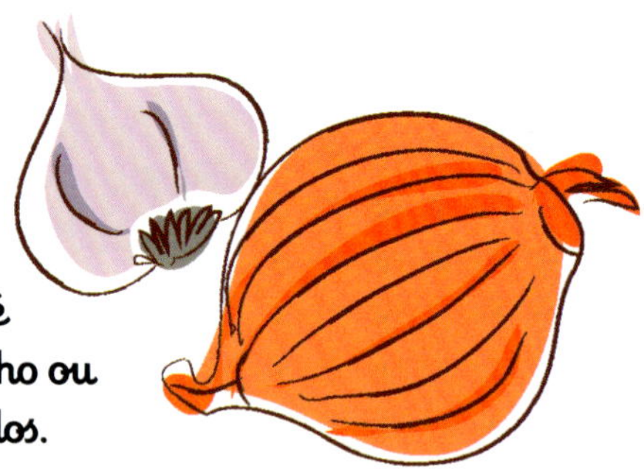

Você irá notar que até mesmo o cheiro de alho ou cebola serão eliminados.

Em seguida, use detergente ou sabonete e lave normalmente as mãos.

Dica: use também o pó de café para eliminar odores de recipientes plásticos ou garrafas.

TABELA DE EQUIVALÊNCIAS

Líquidos

1 litro  4 xícaras (chá)

1 xícara (chá) 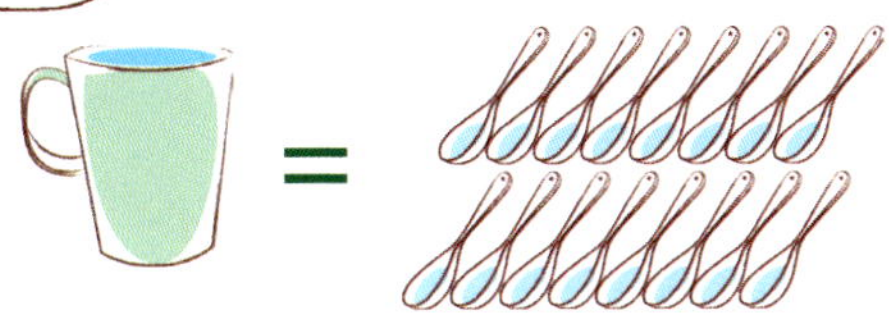 16 colheres (sopa)

1 colher (sopa) 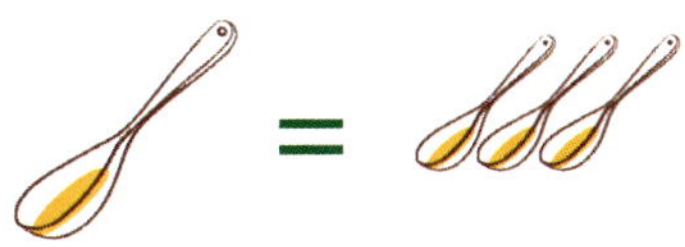 3 colheres (chá)

Sólidos

1 xícara (chá) de arroz = 180 g

1 xícara (chá) de farinha de trigo = 120 g

1 xícara (chá) de açúcar = 170 g

1 xícara (chá) de amido de milho = 100 g

1 xícara (chá) de chocolate em pó = 100 g

1 xícara (chá) de manteiga/margarina = 170 g

Para conhecer outros títulos da editora, acesse nosso site:

www.editoramasterbooks.com.br